新史记

秉笔画时代

刘备我祖 著

河北出版传媒集团
河北教育出版社

序言

凡世间事，终究不可以理论也，若得以理论，则何有文学，则何有传奇，则何有网络。

天地万物，品类之盛，无不成文章。于当下则为新闻，于他日则为历史。古来圣贤，今日名流，所以不寂寞者，因为新闻在，因为史书在。

新闻，将来之历史；历史，昔日之新闻。

广州有刘生黎平，湖南人氏，曾国藩同乡。少壮时就学暨大，读唐宋诗词、《通鉴》《史记》。以为全为无用之学，乃投身纸媒，为财经夜编。十年灯下，朝朝暮暮，编纂全球财闻无数，转眼成过眼烟云。某夕自忖：所谓新闻，今日熙熙，明日寂寂。财界风流，朝夕轮替。设想五百年后，版面所过人与事，尚能存一二乎？于是长叹，忽思司马迁，忽思二十四史。

幸逢网络，公众号大兴，人人可为记者，个个可为史官。于是自任为公号主，得腾讯一席，展笔墨一方，天下每有事，则敲键记录品评。

初，效他人文笔，有事辄述辄论。然而天下文章大同小异，我从其同，不能从其异，于是文字则不足为奇，论点不足为观，观者寥寥，阅读量不过数百数千，不胜寂寞。

甲午夏八月，又逢有天下事，开机敲键，忽然神思遥接秦汉，际会唐宋，韩愈、苏轼如在眼前护持，贾谊、司马耳提面命，曩于暨大所修学问，居然大有用，乃挥洒若有神助。不过半日，公号阅读过万，不过一日，阅读十万加也。

又过数日，再以古人之言记当下之事，又复十万加。一回两回乃偶然，屡试屡验则必然，得古典加持，吾于新媒体疆场，累次得胜，于是大悟：史迁之文，未必过时，深藏当下，已成文化刚需，其精练、其扼要、其风骨，能越千秋，直指当今人心。我虽不过按图而已，不得良骥；不过效颦而已，岂比西子？于太史皮毛且不能得，万分不及其一，遑论精要，居然能风行一时，则当年所学，不曾负我，唯有人负所学，从无所学负人。

遥想太史公，西汉记者；近思邹韬奋，现代太史。传媒记者不论新旧，皆是当今史官，我以所学古文学入传媒，岂是偶然？能接古今，当为此生大幸。

承河北出版传媒集团谬爱，拾缀公号旧闻数十篇，结集付梓。又蒙读者不弃，战战兢兢，能有今日。书之能传后世与否不论，倘一时行于世间，则感激涕零，寸心不忘。

作者

丁酉岁孟夏　公历五月十九日于广州

目录

新闻，将来之历史；历史，昔日之新闻

村上春树与鲍勃传

凡世间事，终究不可以理论也，若得以理论，则何有文学，则何有传奇，则何有网络。

村上春树，东瀛关西京都人，己丑岁生。父娶富贾女。村上，长子也。及读书，其父曰：『必以经史子集，圣贤君子，否则野狐禅也。』村上伪诺，然不旋踵，则奉陀思妥耶夫斯基、莎士比亚、马克·吐温若神，朝暮不倦，其父亦无如之何。

村上好读书，然不好学，学以劣名。

既长成，娶同窗女阳子。其人循循，若处子，避功名如仇，无鸿鹄之远志，但求燕雀之苟安。营酒肆于东京相国寺，烹酒割肉，殷待宾客。村上有巧思，以啤酒浇烫肉，大佳，东京至今有此肴。其酒肆，每至于夕，浪子媚妇，骚人怨客，皆集于斯，男女杂坐，私情相语，行酒尔汝，杯盘狼藉。村上静观，人世百态，了然于胸。

故村上行文，多浪荡之人，见幽隐之情。不知国家，莫问天下。不效川端之精致，亦无大江之雄浑。写人幽微，纤细阴柔，每于寻常行止见非凡深情。粗阅之，皆无日本风情；稍涉之，则满纸荒唐；深品之，则一腔悲凉。慨叹无常，恰似东瀛樱花。

有书曰《雪国山林》，言有男子渡边，猎于群芳，往往情深。渡边有好友，好友有妇，阴郁艳丽，若染血之葩，名曰直子。好友死，直子委身渡边。

某夕，二人交欢云雨。翌晨，直子杳然。渡边恋恋不能舍，觅之四方。后闻直子在幽谷，乃入深林，不避风雨，居然得见直子。

当时直子，丰腴沉静，见渡边，二人四目相属，情若深海之波，虽中心荡漾，然浪涛不惊，呜呼，人世男女，情至于斯，死足矣。

村上乃有诗云：『吾若怜汝，抚汝青丝，不舍须臾，今夕何夕；吾不怜汝，路人而已，青丝虽美，我则无意。』乃为渡边、直子设言乎？

村上之书，洛阳纸贵，凡有书肆处，必有《雪国山林》。

己丑岁，始问诺公鼎。当时，天下以诺公鼎许村上，村上亦以诺公鼎自许，戏曰：『鼎之大小轻重如何？』数日，诺公鼎长老曰：『鼎之大小，非君所能问也。』榜出，得诺公鼎者，德意志女学士也。

自是，村上与诺公鼎，每岁必有恩怨。每逢秋风劲，寰宇文学，集于冰国，群贤毕至，村上有名。揭榜必在日暮，尔时浪子骚客，薮于酒肆，食村上肴，以啤酒浇烫肉，且行酒且高呼：『村上公今岁必问鼎。』痛饮移时，豪情干云。然至点灯时分，榜见，无村上名。浪子骚客亦不悲，自相劝勉曰：

『今岁已矣，明岁必得。』

复有博馆无赖，押注村上必负，年年如斯。如是七载，岁岁落空，诺公鼎如梦幻泡影，来如春梦，去似朝云。村上好疾走，日行数十里，能历马拉松，坊间戏之曰：『村上者，善走，为王者前驱也。』俗语所谓『陪跑』也。

村上自解曰：『问鼎事小，亲民事大，能得名满天下，何恨？』虽佯为大度，然言中有恨恨意。既失意诺鼎，天下疑猜，或曰：『村上文章，多狭邪，是非谬于圣人，故诺鼎不及。』或曰：『村上著作，逢迎俗世，无风雅之典，讽规之志，多鄙词，风行书肆则可，若问诺鼎，则非所宜。』或曰：『东瀛文士，执诺公鼎者，有川端康成，有大江健三郎，若村上问鼎，则一国有三，大忌也。』

丙申岁，秋，公历十月十三日暮，天下引领而望北欧，曰：『今岁诺公鼎归村上先生乎？』榜揭，非村上春树，非则非也，居然鲍勃·迪伦。鲍勃者，何人也？歌伶也。初闻，天下惊骇。太史刘曰：『如以诺鼎与罗大佑也。』更有好事者曰：『明岁或与周杰伦。』

鲍勃者，长村上春树八岁，犹太人，好歌咏，又好填词赋曲，弱冠游荡纽约，所仗不过一张琴、数根弦。彼时美利坚好用霸道，陷安南之战，黎民苦之久矣，鲍勃遍走闾里，访民风，自为乐府，讽讥王政，有诗骚风，民闻而曰：『此公吟咏，吾之所欲言也。』故风从之。当时风流，唯猫王、披头士可鼎足而三。

其有妙曲曰《应答随风》，其辞曰：

行路几许方为人？
渡海几重方可栖？
矢飞几度方禁武？
吾所问兮，随风逸。

山经几劫方为海？
邦历几难方可兴？
回首几次方不顾？
吾所问兮，随风逸。

翘首几回睹星辰？

倾耳几遍谓多闻？
枯骨几多方悔祸？
吾所问兮，随风逸。

其词悲怆，其曲苍凉，寰宇传唱，至今为名曲。

鲍勃颓靡，好饮药，若痴若狂，几度沉沦，然天之厚鲍勃亦多矣，执鼎格莱美，怀拥奥斯卡，又夺普利策，今抱诺公鼎，天下之美，此公尽得，呜呼，满盈矣。惜哉，村上独憔悴。

太史刘尝读莫言《红高粱列传》，村上《奇鸟伏行录》，皆书剥皮事。《红高粱列传》言倭寇剥皮罗汉爷事，《奇鸟伏行录》言俄军剥皮倭寇事，皆细丝如微，剥皮如在目前，或断耳跳于盘中，或白睛鼓于血肉，不忍卒读，过而噩梦。所谓文学者，剥皮也，揭示也，莫言与村上，皆有此意，岂有高下。

太史刘曰：

东土众生，以为天下三大恨事，汪峰不得头条，小李不得奥斯卡，村上不得诺鼎。今小李得志，汪峰努力，村上惆怅，此皆不能以理论者也。

凡世间事，终究不可以理论也，若得以理论，则何有文学，则何有传奇，则何有网络。当时相对论，亦不可以理论也，凡不可以理论处，为奇妙处也。村上不得诺奖，或亦为一奇妙事也。然不知奇妙何年可止。村上勉哉！

郎平傳

效我女排，国家何愁不兴，
大业何愁不成？

郎平，天津人，庚子岁生，长八尺余，每于人中立，如岩上松、江上峰。

年十三，为排球手。役于斯，终无悔。

辛酉岁，中华决战东瀛，时东瀛者，所谓魔女之师也，遇弱则屠，遇强亦灭，涤荡寰宇，罕逢其匹。两战甚苦，相持久矣，郎平谓左右曰：『今日战，吾国声威之战也，吾不能惜命与力，诸君勉哉！』乃怒起，升九霄，舒大力金刚臂，若有千钧霹雳自重天降，凌于敌阵，敌不能堪，城池坍塌，金汤枯朽，乃溃。

是日，中华女排霸天下。朝野欢喧，上下腾跃，民不知今夕何夕，且泣且喜。时中华民意恐世界轻我，民气郁结，多自菲薄，忽逢女排宣威域外，焉得不喜？一时馈遗，堆若山积，一时辰内，至三万余，赠郎平者，至三千余。

人民大报情不能已，为长文告天下曰：『效我女排，国家何愁不兴，大业何愁不成？』

郎平于女排，主将也，虽虎贲不能容其力，虽霸王不能方其勇。每有对阵，不好迂回，执锐直入，擅如来神掌，敌虽深池高垒，奋击之下，多为齑粉，天下谓之『铁榔头』。

忆太史刘年少时，亦女排青春时，国势日张，民生益富，上下皆劝，谓明天会更好。女排逢其时，得其志，逞其力，五载之内，夺冠者五，盛矣哉。

当时郎平，天下以国士待之，或奉之若神，凡神州有人烟处，皆列女排诸神于上，朝夕景仰。能与郎平媲亚者，美国海曼、古巴路易斯。

甲子岁，战洛杉矶，女排初战，少却，不利，九州疑，然至于决战，郎平与诸女神皆奋威，攻则拔寨，守则无隙，驰骋冲突，挽狂澜数度，终克敌，登顶洛杉矶，有无敌寂寞之慨。

北大学子，闻女排克敌，不能自已，环未名湖疾走，长啸若风之八千里，凡衣物卧具，焚之无余，以助其兴。嗟呼，彼时天下人心，奋勉如此。

时有兴衰，月有盈亏。自五冠后，女排一时老矣，郎平亦老矣，数度折肱，且伤且病。太医诊脉，曰：『君之筋骨，如七十翁妪，慎之。』郎平亦曰：『爱女投我怀，吾不敢迎，以筋骨不堪也。』

彼时女排，新不如旧，于亚特兰大、于世锦，折戟者再。虽郎平妙手，奈何势去。既不如意，挂冠往罗马。为罗马教头，罗马兴；又为美利坚教头，美利坚兴。

有好事者曰：『天下女排虎贲，皆为郎平弟子，彼此相竞，其实不过郎平一队、二队。』

郎平挂冠辞神州，久居美利坚。

郎平既去，女排兴衰凌替，然失意时多，得意时少，雅典摘桂，此后寂寂。伦敦徘徊四强外，秋月坠泪，云雨伤神，败军之师，黯然而已。

郎将军在海外久，往日恩仇，渐行渐销，若廉颇在楚，朝夕叹曰：『吾思用赵人。』神州亦思郎将军，乃招曰：『神州思将军久矣，将军归来乎。』郎平曰：『神州思吾，吾亦思神州。』

癸巳岁，郎将军既归，恩怨不过一笑，女排复振，得纵横天下，稍复往日规模，然天下轻之。

丙申岁奥运，征战里约，女排每见，他人则笑，曰：『羸弱之师，无牙之虎。』郎平曰：『吾今日归来，非必胜也，然必为胜尽力！』

战巴西，克敌。

战荷兰，两军死力，战四合，每合不至于终，辄不知胜负，生死毫厘，胜败毫发。或荷兰力攻，或我郎力守，此时敌陷我阵，彼时我克敌营，往来反复，争战岂休，有猛将朱婷势不啻奔雷，一球若列缺霹雳，折拉敌门，多能克敌，斩首三十三，乃克荷兰。

既能决战，国人忽思郎平，曰：『郎女，吾国三十年之女神也，今日归来，国魂归来，其不肯辜负江山，不忘初心，伟哉，壮哉！』

决战未起，郎将军刷屏亦。

决战，对塞尔维亚。

郎帅布阵，陷阵者：惠若琪、朱婷；辅将：袁心玥、徐云丽。接应：张常宁。应敌：魏秋月。游击：林莉。

敌陷阵者：米哈伊洛维奇、马来塞维奇。其接应、应敌与游击将军，皆强兵悍将。

两军初合，我战稍不利，或飞矢出境，或应敌无暇，敌攻我所不守，我攻敌所能守，进不能克，退不能防，第一合，我负。

第二合，郎帅易将而战。敌少衰，我少振。回看射雕处，林莉发矢得分；草枯鹰眼疾，朱婷一箭破的。仰手接飞猱，丁霞出师得力；俯身散马蹄，云丽闪电斩敌。惜哉剑术疏，马氏强攻出界；三军泪如雨，米氏奇功不成。

战四合，气益酣，虽曰一球，然有矢石如雨之观。观之不足，说之百端，天花乱坠，目不暇接。

忽云端无声，百神皆寂，有语自九霄降，曰：『中华胜矣。』

是役，我女排夺冠，去雅典之岁，十二载矣。

太史刘曰：

所谓郎平，所谓女排精神，今日观之，异于当年哉，当年谓之精忠报国，今日乃天下忘我，我不忘天下；天下不容我，我能容天下。故能王者归来，天下景仰。

念念能以天下为度者，天下必归之；念念皆以一身为度者，天下必弃之。

郎平不老，吾岂敢老？郎平不衰，吾岂敢衰？位虽卑，亦勉之。

张自忠传

一军之人皆知耻，军不可敌也；一国之人皆知耻，国不可敌也。

张自忠者，鲁临清人也，字荩臣。《诗经·大雅·文王》曰『王之荩臣』，取其忠臣意也，后为荩忱。

自忠光绪十七年生，父早亡，母冯氏主家计。十六岁，由母命，娶本县李议员女敏慧，夫妻琴瑟相得。

自忠身长八尺，清秀轩昂，望之如儒士也。好读《三国》、隋唐文，常以关公、岳武穆自许。

宣统三年，天下更始，民国肇造，自忠入同盟会，就学天津北洋法政学堂。民国五年，于廊坊见冯公玉祥。冯公见其有威猛英武气象，曰：『有沉毅之气。』遂为中尉。

自忠为将，整肃威严，兵卒见之，背如负霜。腊月，自卸衣甲，行雪中。健儿不得已，皆随之，人曰：『张扒皮。』

民国十九年，战中原，自忠时为师长，请缨守许昌。逢蒋军之德械师，自忠深壑沟垒，不与之战，蒋军力竭，自忠乃出击，大胜，蒋军之德械师狼狈走。

自忠曰：『吾军捷，此时若出武胜关，冯公定天下矣。』冯公不能用。后数年，冯公太息：『吾不用张自忠谋，失中原，悔无及也。』

冯公每表彰战功，甚重吉鸿昌、张印相，唯自忠无名。

中原战酣，少帅入关，冯公、宗仁、阎公军溃，自忠无所归。中正曰：『吾知荩忱，良将也，可大用。』乃与之银圆三十万，许为二十三路总指挥。自忠不受，语其左右张克侠曰：『吾终不背冯公。』乃往见冯公，冯公不见。

自忠惆怅，曰：『冯公疑我。』渡河北去。

冯公失势，左右尽丧，避河南修武荒店，旧部刘骥率师往见冯公。冯公曰：『石友三、高树勋、孙连仲皆背我投蒋，甚失吾望。』刘曰：『自忠如何？』冯公叹息曰：『不知。然，自忠有节，必不背我。』

民国二十年，西北残部整编，为二十九军，守平津，宋哲元节制，秦德宪为副节制，授自忠三十八师。

民国二十二年三月，日军两旅团逼喜峰口。自忠曰：『华北危矣，非夜袭不足以退敌。』乃率死士千余，夜攀缘绝壁，截断山岭，如猿而进。

日寇不知，夜饮酒，曰：『二十九军欲袭我，飞则可。』

夜，残雪未尽，大刀队忽至喜峰口，入敌营，斫杀。东瀛兵无备，死伤狼藉，余者奔走。

自忠登喜峰口，曰：『中国不可辱，日本不足畏。』

喜峰口捷报，天下振奋，遂有『大刀曲』。

民国二十六年七月七，日军借口有兵卒入宛平不归，欲入城。校尉吉星文不可，日军炮轰。壮士握干戈，愤怒欲战。监军曰：『诸位同志，宋公不在，朝廷远隔，且忍。』壮士皆曰：『倭寇临我，不可忍，不可忍！宋公不在，张将军在天津卫，可请示。』

乃电话自忠，曰：『将军，战乎？』自忠曰：『战！』壮士振奋，乃出城与日寇战，数却敌兵，是为『卢沟桥事变』。

八日，自忠自天津至北平。时宋哲元避与日军周旋，病养，以自忠代二十九军军长。

八日晚，中正在庐山，谓北平二十九军曰：『事发仓促，静以待之，中日尚在敦睦，不可挑衅。』乃不知大事至。

英帝国亦不知大事将至，曰：『中日小衅，且克制。吾国观卢沟桥，无大战。』《泰晤士报》亦曰：『日军出师无名。』

是日，东京亦有电文。日相内阁曰：『我不欲扩事态，唯忍辱负重，和平之心不灭。』东京贸易大臣亦曰：『中日商业繁荣，岂可战？』

狡哉倭寇，言犹在耳，然关东军自山海关入，长车至秦皇岛，复驱至唐山，兵不下车。

中华民见车上有重炮、机枪，军士皆荷甲执枪，若临战然。

东京十二日电：支那有事，吾东瀛举国从之。

华北与东瀛，且谈且战，路绝不通，平汉线列车至长辛店则止，晚点五时辰。

半月间，日军聚两万，万二千集宛平。

南京亦知大战将临，卿相王宠惠至北平，问宋哲元：『委员长欲以四师北上驰援，可乎？』

宋公不欲中央军至，婉拒，谓自忠、德纯曰：『镇定处之。』乃失南京驰援北平之机。

然二十九军，不过孤师耳，日军势大，乃夺南苑，佟麟阁、赵登禹皆殉。宋哲元欲全师撤保定，将与日本交涉，唯自忠可往。

自忠乃往敌营，日军见张将军雄壮，曰：『壮哉，喜峰口之英雄。』自忠曰：『愿为卢沟桥之英雄。』

日方曰：『将军若听我大和布置，前程不可量。』将军须发皆怒，曰：『但求国家之前程，断不求个人之前程。』

日方曰：『二十九军可退。』

自忠曰：『欲退，则两军俱退。』

日方曰：『狂哉二十九军，无军人之道。』

自忠曰：『鄙哉日军，尔等不识王道。』

日方曰：『支那不可与我战，大将已丧佟麟阁、赵登禹，何以战？』

自忠哂笑曰：『尔等今日丧大将田代皖一郎，又如何？』

谈甚不合，自忠拂袖。秦德纯曰：『北平之事，付兄弟也。』自忠苦笑：『吾与豺狼周旋，虽黄河而不能清也，兄与宋公当知吾之清白。』含泪受命。

二十九军往保定，日寇入平津。

是夜，学生入自忠行营，激愤曰：『倭寇入北平，将军如何？』自忠不能言机密，乃曰：『南往。』复有学生问自忠：『吾等南下，将军何往？』自忠色惨然，曰：『吾留北平。』学生喧哗曰：『张自忠，尔欲卖国，自为北平王。』唾之，自忠隐忍。

自忠守孤城，与日方周旋。敌有所求，含糊应答，缓以时日，须二十九军布防线，阻日军南。

华北人不解，皆骂：『张逆。』『自以为忠。』或曰：『张邦昌。』自忠不能堪，九月某夕，入德医院，遁走。

日军知自忠遁走，乃登报佯曰：『张自忠受皇军命，与南京议和。』吾国报纸亦曰：『张逆自忠押南京受审。』

自忠过临清，雨，不敢入家门。其女见之，遥呼曰：『慈父往日教诲，为国家，忍最后一息，忘乎？』

自忠含泪去。

又过故人，故人闭门不纳，自忠无以白，隔门呼曰：『君他日当知自忠之清白。』

韩复榘闻自忠至山东，曰：『此国贼也。』乃拘以登车，送南京。秦德纯恐有闪失，随之。车中学生伤兵知自忠所在，乃围殴，曰：『今日欲剥张逆自忠皮。』秦德纯护之，锁自忠于更衣室，乃免。

至南京，请罪，又有李宗仁、冯玉祥为之请，乃授为五十九军军长。

自忠见旧部，曰：『国家如此，吾为军人，欲寻一处战死也。』

众人知其有赴死之志。

明年春，战徐州，兵集台儿庄。

蒋见李公宗仁，甫下机，问曰：『此战如何？』

宗仁曰：『可许君一捷。』

蒋问曰：『所需何将？』

宗仁曰：『吾欲得荩忱，良将也。』

乃以自忠与宗仁。

韩复榘不战，失山东。南京震怒，杀之。

日军长趋徐州，一路曰板垣，一路曰矶谷，皆日军甲种师团，兵四万，伪军又数万，装甲炮火皆优于国民党军。矶谷军有劲旅，曰濑谷，兵近万，攻台儿庄。

板垣军有劲旅，曰坂本，混成也，有兵卒万余，攻临沂。临沂守将庞炳勋，虽曰一军，不过数千，日军炮火烈，天为之赤，战惨烈，尸遍壕沟。

炳勋电中正与宗仁曰：『职苦守，敌军势猛，战士死数千，其失陷，旦夕也。』

宗仁委自忠驰援，自忠曰：『若迂回往援，恐庞军尽死于敌矣，吾军以攻为上，渡河，事或成。』宗仁曰：『阵前机宜，将军自为。』

炳勋闻援军乃自忠，大失色，曰：『荩忱与我，仇也。往岁在西北军，尔与我邻，两军操戈，吾击之，荩忱几死，今日吾死矣。』

自忠受命，训军卒曰：『今日之敌，乃昔日喜峰口旧敌也，诸军努力，吾不问死伤，但得阻板垣之进，则可。』

乃夜渡河，袭日军大营。日军无备，退。五十九军杀敌千余，复进，坂本军增师，再战。

时枪弹如雨，天地无色，践血而战，坂本军多装甲战车，自忠军唯有血肉手雷，近身战，壮士握雷匍匐日军坦克下，断其履带。

战一宿，日军力尽，伤亡六千，死三校尉，退。自忠闻大捷，问：『壮士死几何？』答曰：『连长死百余。余者过万。』

庞炳勋见自忠，愧曰：『吾往日荒唐，几伤荩忱，愧哉。』自忠笑曰：『今日为国家，皆兄弟也。』

板垣军败，羞愧，拭刀欲自裁。上峰命至，阻其自裁，板垣得不死。其遇自忠，一败于喜峰口，再败于临沂，衔之。

临沂一战，天下方知自忠乃国之忠臣，皆呼活关公。昔日骂张逆者，登门，谢将军妻儿曰：『吾等小人，不知将军苦心，今谢罪也。』

自抗战起，自忠多功，以军功授中将。然自忠无喜色，尝曰：『吾为军人，终为国死矣。』或不忘北平耻也。

先是，自忠见旧主冯公，语良久，临别，忽拜而叩首十余。冯公惊：『荩忱，如此何为？』自忠曰：『明公他日当知。』

以战功节制三十三集团军。

民国二十九年，五月，战枣宜。

日军为控大江，锁重庆，三十万大军至。自忠指挥与之战，数胜，然自忠作战，不喜坐镇，好躬临前线，不择地而设营。

七日，自忠欲渡襄河，截日军十三师团，所部不过千余。

临河，自忠训军卒曰：『今日之事，一者敷衍，徒然坏国家也；一者致命，今年吾等欲与倭寇拼死。诸君与我皆兄弟，可共拼死。弟与诸君，在中国之历史，或为人，或为鬼，今日一战而定。』乃渡襄河，东去。

夫人寻将军，至麾下，将军已渡河，将士绕岸呼曰：『夫人至，有书。』将军立舟头曰：『寄语夫人，吾返时可语。』

自忠平日寒素，某年，梁实秋过自忠防区，见其营帐，不过一桌一凳一床，床上不过一毯。其渡河时，忽着盛装，众皆不解。

十四日，遇日军大部，战南瓜店。自忠临火线，亲发弹射敌，须发皆张，目睁欲裂。

日军初为六千余，见此军死战，知其有异，十六日，增师万余，加以战甲、战机，四面围南瓜店之长山，一昼夜九攻。

自忠所部，不过千又五百，苦战，力尽。自忠曰：『君等皆国家健儿，不可与自忠死，可突围去。』壮士皆泣下，不忍去。自忠呵斥：『君等欲违命乎？』壮士大哭去。

自忠左右余张敬、马孝堂等九人，不屈，力战。枪弹密集，营帐碎裂，自忠臂、足皆中弹，卧以指麾，笑曰：『吾今日死，于国家、于民族、于长官，寸心甚安。』

战自晨至午，左右皆死，张将军杀敌之声不绝。欲陷阵，有日军上等兵二人至，一刺其腹，一击其首。将军怒目立，俄而倒，如泰山之崩。

申时（下午四点），张将军殉国，年四十九。

日军收拾沙场，见其衣冠，识为大将，问俘，知为自忠，乃对空鸣枪，厚葬。日军庆功，痛饮。逼战俘饮酒，战俘泣，拒饮，乃乱刀戮于沟壑。

国民党军知自忠殉国，大惊，自忠麾下有黄维纲者，募死士，持轻机枪，夜袭南瓜店，夺将军遗体回。验其身躯，伤八处。

将军灵柩过宜昌，沿途缟素，军民恸哭，日军亦敬重。是日，日机虽盘旋，然不忍伤将军之躯，不投弹。日军汉口报曰：『绝代之勇将。』

至重庆，上下皆泣，冯公亦泣，方悟昔日叩首之由。

夫人李敏慧闻将军死，泣不能已，绝食七日，亦死。国人惜之，合葬重庆雨台山麓，墓前多栽梅花，取梅花之有节也，遂名将军『梅花将军』，视同史可法，其山亦名梅花山。

延安闻之，润之书曰：『尽忠报国。』恩来书曰：『抗战军人之魂。』

太史刘曰：

或曰枣宜一战，将军胜，本可不死，然赴死意决，虽使者亦不能阻。呜呼，痛哉，将军非死于倭寇也，乃死于物议也，死于舆论也。

身为军人，耻山河沦丧，欲与倭寇致死，虽千万人，吾往矣，此所谓『知耻方近乎勇也』。一军之人皆知耻，军不可敌也；一国之人皆知耻，国不可敌也。其临死，亦无壮语，但曰求心安，其知耻之心亦明矣！

余旭传

人生贵青史留名，余旭则长空留名，振人心，凛正气，三军为之气壮，河山为之昂藏。则旭之功，与杀敌等。

蜀国崇州有女子，曰余旭，体轻如燕，心怀凌云，虽生寻常闾里，然每仰视九霄而自许。好为孔雀之舞，尝惊艳四座。或问曰：『孔雀之志若何？』则曰：『吾志在星汉。』

逢碧玉年华，天下招飞天女将，旭往。军中曰：『惜哉，蜀中从军有数，汝在数外。』旭泣下。招抚使见之，曰：『此女，人中翘楚，岂得不凌云遂志，吾当为国惜才。』乃上书节度。节度曰：『诺』。旭乃为飞天木兰。

旭在军中，备尝诸苦，虽在腊月，负霜雪而疾行；虽在三伏，曝烈日而跳掷。欲得翱翔九霄，先须辗转泥途。其烈，虽男子不能堪也。旭尝在夜中泣，然不语诸人，不负凌云志也。

数年，将成。乃与先锋飞空，旭为偏将军。

至长空，先锋忽曰：『呜呼，吾今日病矣，失上下东西之辨，不知苍天大海之别，奈何？』旭亦大惊，然强为镇定，曰：『将军力怯，吾可为也。』乃强力驭龙，觅乎海天之际，盘旋羽毛之高，虽冷风猎猎，寒星在上，然旭不失容，目如鹰隼。俄而，降乎军中。军中大呼，先锋曰：『今日聊以试之尔，汝可为飞天壮士矣！』

乃驭歼十，为殿前飞天侍郎，每有国典，必升云舞蹈，天下瞩目。

己丑岁，国朝大典，金水河前三军齐整，战鼓皆鸣，旌旗若云，鞍马如蚁，虎贲成群，斧钺成林。千丈碧霄之上，有战龙百十，一时雀翔鹰扬，一时雁行鱼列，视云霄如平地，目九天如闾里，何其壮也！众生正炫目间，忽有孔雀贴云而来，盘桓日星之际，吴带当风；腾挪云天之上，铁甲生光。或虎啸长空，有壮士之凌厉；或鸿鹄临波，有女儿之娇态。但见一凤昂扬，直上九霄，岂肯俯首群雄，视山河茫茫如闲庭，观英雄济济如儿戏。

忽开金屏，曳彩云，人皆惊呼。

有识者指云端曰：此余旭所驭也。

旭乃知名于天下。

旭既闻名，然以寻常士卒自视，羞赧不过闺中女子而已。军中问其退役之志，则曰：『吾志岂能离碧霄，他年当期遨云汉，出乎日月之上，包乎宇宙之外。』时人知其有宇宙太空之志也。

丙申岁冬，珠海飞天展，旭与之，逸舞碧云，天下俱观。

是岁冬，公历十一月十二日，练兵赵国之星野。忽天马失驭，颠簸流云，惊逸高天，旭蹶于马下，欲自云端降，然为惊马所冲突，遂羽化登去，不得返人间。

军中大恸，要其高堂至。高堂尚未老，但见蓝天依旧，白云悠悠，不见女儿翱翔；夜宿军帐中，但见女儿青丝犹在枕边，余温且在褥中，然不闻女儿唤爷娘，唯闻爷娘哭女儿。夜岂能寐，启窗问天，天上星汉如河，女儿或在河畔笑。

父母以女儿囊中余钱，上捐。

天下惜余旭，识与不识，皆哭。乃封『忠勇飞天孔雀将军』。

太史刘闻其事，壮之，哀之，曰：

人生贵青史留名，余旭则长空留名，振人心，凛正气，三军为之气壮，河山为之昂藏，则旭之功，与杀敌等。

林丹李宗伟传

相争多年，乃成兄弟，巅峰对决，人生快事。

林丹者，闽杭人也，癸亥岁生，骨骼清奇，体如削峰，性刚强，难调服。幼时好用左臂，虽父母斥之百端，终不能改。

某日，随母往球馆，观羽球，以其幼，乃拾球，穿梭跳奔，机敏若猿，教头见，问：『此何人子，机敏若是，他日羽球良将也。』林母曰：『犬子拙，好用左臂。』教头曰：『此非拙也，此子必以左臂成大事，切不可矫之。』乃纳丹为弟子。

林丹每怀必胜之志，若不胜，夜不能寐，灯下志其败绩，思所以取胜。

弱冠，丹乃始呈锋芒，韩国丽水封冠，其后多有如意，或全英，或世锦，或奥运，斩黄综翰，诛鲍春来，灭皮特·盖德，屡封冠摘桂矣。亦偶有折剑，惜败林羽峰，然胜多负少，诚为良将，若叶孤城然。

丹之为将，驰骋若疾风，叱咤若轰雷，挥剑必在电光间，击之必中，必创，每逢恶战，气不少衰，多能拔阵席卷，灭敌而去。其在瑞士，夺冠登顶，人皆仰望，谓之『超级丹』。

然其雄烈过人，不能为物所折，每克敌，必作长啸状，若三国蜀汉张桓侯，敌闻之胆寒。某岁，战于韩国，逢其怒，乃瞠目张须，斥韩国教头，几欲捶碎其首，乃得黄牌。

又在伦敦，战东瀛将，丹挥剑欲迎，球在虚空，剑猝然折，丹迅若虎豹，易剑而战，然球已入境，丹咆哮，做大可恨状，不知所言何语。

或曰丹与教头龃龉，乃殴折之，众乃鄙曰：『呜呼，丹乃丘八乎？』无何，丹亦谢罪。

天既生林丹，又于三千里外，槟城他邦，生李宗伟。

李宗伟者，长丹一岁，中华闽人也，与丹为同州郡，其祖迁马六甲槟城。

宗伟亦天性好羽球，十一岁，随父往球馆，戏挥剑击球。教头曰：『此子大才。』宗伟乃以羽球为业。十七岁，乃称雄马六甲，其间虽有蹉跎折败，然励气精进，不负壮志，若有所待。年二十五，寰球称甲。

丹逢宗伟，或曰在甲申岁，汤姆斯杯，人生初见，刀剑相逼，宗伟不利。天下观战，皆曰：宗伟羸弱，岂可敌超级丹。

明年，二虎再战，宗伟克超级丹。丹矢曰：今日之耻，将来不再。

又明年，二虎复战，宗伟再克超级丹。

自是，天下羽球，无非丹与宗伟之争，两雄相逢，风云际会，若龙若虎，山为之崩摧，天为之暗淡。每战，必尽死力，不克不休，若不共戴天者。世人传曰：『当今羽球足观者，唯超级丹与宗伟耳。』二人皆以彼此相重，宗伟曰：『若世无林丹，则吾生有何趣。』丹亦曰：『若世无宗伟，则吾虽登顶，亦如嚼蜡。』

战巴西前，宗伟与丹，凡三十六战，丹胜二十五战，宗伟胜十一战，宗伟或怏怏。然每相杀后，必相爱，或倾盖而谈，或闲步作语，或把盏话旧，或鸿雁达意，诚所谓槟城碧云处，中原花开季，何当重剪烛，却话厮杀时。

宗伟与丹大战，其盛莫过北京、伦敦与里约，皆以奥运披甲相见。战北京，亿万人观，风云皆变其色，天地亦失其态，二龙争青霄，鳞甲奋飞，江海呼啸，战良久，一龙折戟，此龙乃宗伟也。

丹奋翼云端长啸，宗伟落寞，恸极，及登坛，大哭，世人皆哭。马六甲歌姬梁静茹叹恨曰：『吾为宗伟惜。』中华人闻，大怒：『梁静茹乃中华人也，何以惜马来人。』或曰：『静茹乃马来华人。』又怒曰：『尔欺我哉，静茹吟《宁夏》，非宁夏人乎？』

战伦敦，宗伟伤，又负于丹，丹亦不乐，曰：『惜哉。』

战里约，时丹老矣，苦战，或问：『君为廉颇，苦战若何？』丹曰：『吾与宗伟有约，必不相负。』

乃相逢，二人皆老，挥剑相向，势若虎斗，虽非巅峰之决，然亦使决战失色。毕，林丹负，宗伟胜。然胜者无骄矜，负者无沮丧，喜极相拥，相忘江湖。

太史刘曰：

夫天降英雄，若无匹敌，则万古如长夜，既有瑜，则有亮，既有叶孤城，则有西门吹雪，既有林丹，必有宗伟。

相争多年，乃成兄弟，巅峰对决，人生快事。快哉，快哉，夫复何言。

傅园慧传

吾尽洪荒之力矣。

傅园慧，杭州女，体长大，性诙谐，善游者也，征战世锦，尝得志。

丙申岁，巴西奥运，园慧桃李年华，与之。八月八日，预赛，园慧居伯仲之后，历时五十八秒九五。

左史问曰：『五十八秒九五，如何？』

园慧懵然，惊曰：『吾以为五十九秒矣，居然胜于此，疾速若此乎！吾足矣。』言时不能自胜，以手捧怀，长啸，瞠目，摇首，大笑，若痴若狂。

左史问曰：『汝尽力乎？』园慧曰：『吾尽洪荒之力矣。』

左史问曰：『君年来多伤，今日如此，大不易。』

园慧答曰：『然哉，然哉，吾百日练兵，九死犹不足，鬼神实知之，吾足矣。』

左史曰：『明日大战，君能胜今日乎。』

园慧曰：『莫道胜败，吾足矣，吾足矣。』绝尘去，笑声动天下。
是日，洪荒说遍九州，刷屏。表情包盛行，虽巨星，亦效之。
园慧为人，多滑稽，能解颐，若射雕之顽童，全无机心，又语多机智。
世人或笑其不矜，无女子之范，园慧不然，为文曰：
世人笑我太疯癫，我笑世人看不穿。
人在天地数十载，挫折伤心苦连连。
本该笑时却装蒜，此种人生又何欢？
管她淑女为何物，但愿顽劣笑到翻。
园慧又自谓：『吾快乐哲人也。』
七夕，园慧夺铜，孙杨夺冠，左史问园慧曰：『君以百分一秒失伯仲之尊。』
园慧笑曰：『惜哉手短。』
左史问曰：『君为第三。』

园慧笑曰：『吾第三乎？洪荒之力尽矣，妙哉！』

嗟乎，园慧得金与否，不足喜忧也，凭此语，足当得金。

太史刘曰：

巴西奥运，九州以秦楚之强，纵横天下，多搴旗斩将获金，此分内事也，国人熟睹，视之当然，然亦有尴尬事。

先是，孙杨预赛不利，又逢霍顿之辱，大哭，国人亦恸。水军汹涌，欲伐澳洲。澳洲哂笑。百胜王师，居然悲若哀鸿。

天下视吾泳儿，多鄙意，虽得百冠，不能去其辱。幸有园慧，以顽童心，以顽童态，视荣辱若无物，誉不加劝，非不加沮，快乎吾心，游乎逍遥。一时阴霾，大笑驱扫；一时沉疴，大笑愈之。

此女以天真心挽大辱于既倒，其洪荒之力，伟哉！

又有射击儿郎，失利，左史问曰：『君失意一时，他日当如何，发奋乎？』

此子笑曰：『他日寻吾，吾或耕于乡野乎？』

今日之中国，少年不失真性情，则中国不失真性情，则中国为少年之中国也。勉乎哉，勉乎哉。

杨绛传

杨师为文，语多平实，温婉机智，罕涉是非，少詈辱人，读之莞尔，似非以攻讦为事者，方之当下，亦长者也。

杨绛，本名季康，无锡人也，宣统三年生京师。父荫杭，讼师也，尝为浙江通判。姑杨荫榆，京师女子学堂祭酒，周大学士所痛恨者，然殉国以终。

绛生未百日，家南迁于沪。其于诸姊妹，容貌短小，杨父戏曰：『猫之良者，矮身短足也。』好读书，能文学，中英文俱佳，负笈东吴时，以文学称。杨父尝问：『三日不读书，如何？』对曰：『寡淡。』再问：『七日不读书，如何？』对曰：『虚度。』

年十七，欲入清华，惜乎东南中额不足，乃辗转东吴学堂，与费孝通同窗。绛虽未为佳丽，然清秀慧敏，温婉和蔼，慕之者众，男子每欲申意，费生必阻之，曰：『诸君好逑，我则为槛。』不欲绛为他人妻也。

年二十一，东吴大学堂群生汹涌，停课似无已时，绛无奈，乃北上，投燕京学堂，复又清华。费生闻之，夜不能寐，迎之者三，渴慕如此。

悠游清华，逢钱锺书。人生初见，绛以《醉翁亭记》目钱郎：『望之蔚然而深秀者，钱郎也』。盖当时钱郎，倜傥拔秀，虽敝袍旧袄，布履老镜，然风流不可掩。钱郎见杨女，盖心许矣。当时不交一语，然终生之志，不可移也。

钱郎有表弟曰孙令衔，谓钱郎曰：『杨女已有许配。』又语于绛曰：『钱郎已有婚娶。』钱郎闻之而疑，窃曰：『既与杨女同城，何必仰息他人，直取可也。』乃寄鸿雁，相约黄昏后，甫见，钱郎汲汲曰：『吾未婚娶。』绛笑曰：『妾未许配。』乃定上邪之好。

费生闻，大恨，质杨绛曰：『诸生之中，能为汝之夫君者，莫非吾也，以吾与汝相识久矣。』绛曰：『君尝有言，吾与尔不过朋友，然非情好，若君欲相好，则吾与尔绝矣。』费生怅恨，然亦无如何。

绛年二十四，嫁钱郎，其时在姑苏，钱郎衣玄，酷暑，汗涔涔，衣衫湿，有黄渍，诚狼狈也。钱学士曰：『吾遇夫人前，未思婚娶；吾娶夫人后，不悔。』

当时，钱学士乘桴往牛津，绛在清华，为夫君故，弃学从之游，生女于法兰西。

钱郎博学，然迂阔人也，百事不晓，拙于家计，点灯灯灭，倾茶茶泼，绛则不然，十指能抚弦，拳头立得马，彼时批注经史，此时庖厨烹鲜。夫君每有狼狈，绛则曰：『无碍。』钱学士赖以安。或赞曰：

『杨氏者，妻中称贤，女中称才。』

民国二十七年，归来，颠沛辗转，或在蓝田，或在湘西，归沪。

杨师能文，成名先于钱学士。淞沪沦陷，为喜剧《称心如意》《弄假成真》，沪人皆睹，当时闻名。

公元一九四九年，解放，当时风骚，或有赴海外者，钱与杨皆留。后数十年，有以此问杨师者，杨师曰：从昏朽小朝廷遁于海，诚非吾志；归于港澳，诚非斯文之地也；吾以襁褓母乳中，则已为中国人，舍此何归？

杨师以研究员聘。是时万象更替，杨师钱学士亦与于其中，杨师感其事，为小说曰《洗澡》，盖洗涤自新也。初阅之，以为乃余楠之事也，然则非也，书中不唯一人二人之事，一人二人之像，乃众生之事，众生之像。人人皆曰自新，人人皆难自新，所谓自新，不过见其峥嵘而已。书中奇妙处，许彦成、姚宓、丽琳三人行，些许暧昧，游目属意，书尽而意未尽。

丙午岁，钱学士流信阳息县干校，明年，杨师亦流于此。其时七月，杨师行，晓月凄凉，目皆路人，不见夫婿，不见娇女，杨师独行，泪溢于襟，入鼻咽腹，痛不可语。

杨师有文曰《干校六记》，效《浮生六记》也，言其在干校，多为稼穑事，割菜储粪，凿井学圃。为储粪，逢路人，则恭敬请之曰：『可粪于吾圃。』其态可掬也。

与学士相去，不过里余，每相见，若西厢张生会莺莺，杨师戏曰：『吾与夫君之会，岂胜却人间无数，虽才子佳人后花园，莫若妾与钱郎也。』

孔子云：温柔敦厚；《国语》云：怨而不怒。《干校六记》有之。每于大事，隐晦之，其于琐碎，则不辞其繁，不舍其细，历历过目，如在境中。

太史刘读《干校》慨然深者，乃杨师某夕彷徨，见夕照在山，荒野无际，乃大顿悟，曰：『吾为谁乎？吾为五台山鲁智深乎？踽踽然无所归，怅然满怀。』读书至此，眼前心中空明，几欲散发乘舟去。

杨师外文，或胜钱学士，其晓英法语，年花甲，又修西班牙语，居然了悟，译《堂吉诃德》，风靡九州，售册百万。

初，钱学士不得闻达于天下，年八十，《围城》见于天下，以此闻名，天下亦知杨师。然读书自乐，朝夕闭门，不与世事。

天下尽知钱学士杨师，然不知其女钱瑗亦高人也。瑗博学巧慧，亦长于文学，三人实天作一家也。三人尝约：『家中事，人各为记，合而为一，名曰我们仨，亦一乐也。』

然钱瑗病矣，寝疾不起，自知大限，曰：『女儿不久，此书委吾，可乎？』父母噙泪颔首。钱瑗疾作，几不能握管，力书之五章，已不能食，不能言，历六日，居然死。其时岁在丁丑。明年，钱学士死，杨师孑然。

杨师其时八十七，顾室中空空，斯人不在，呼钱郎，钱郎在镜框；呼爱女，爱女在黄泉。朝夕清冷，几无生趣。然虽恸极，思夫君娇女，事业未竟，乃埋首书卷，觅亲人于纸墨间。

其时钱学士书稿，往来烽火，蹀躞南北，历抗日内战，其时久矣，或碎裂如蝶，或黄黑难辨，杨师辨其迹，探其源，提其要，钩其玄，虽琐碎杂细，皆一一复原。数年，钱学士书稿得全，七万余纸，非常人所能堪也。

太史刘阅《我们仨》，多会心处。钱瑗曰：『我与我父，兄弟也，且吾为兄，父为弟。』萌态跃然，读之不能忍笑。

遥想杨师孑然空室，见夫君爱女遗文，昼夜研磨，何其痛也。白乐天所云『世间好物不坚牢，彩云易散琉璃脆』，沉痛语也。

杨师自持淡泊，罕与世交，然杨师忘世，世不忘杨师，每有鸡汤佳文，则曰：杨师文也。其百岁，世间又有杨师百岁文，曰：吾即世界，与他人无涉。然语多假托，与仓央诗类。

丙申岁四月十九，公历五月二十五日，辰，杨师死，寿百又五岁。天下知与不知，皆哀之。或笑曰：尔等不读杨绛书，滥吹斯文，刷屏以吊杨师，谬矣哉，矫情哉。太史刘则曰：不然，不读杨师之书，而吊杨师之人，足见天下读书种子不绝，虽不学，亦曰有学。

或曰：杨师犬儒，某岁上书，斥后生诋钱学士。其事难辨，然欲知其为人，观其文可也。杨师为文，语多平实，温婉机智，罕涉是非，少詈辱人，读之莞尔，似非以攻讦为事者，方之当下，亦长者也。

天下浮躁，老少皆竞，杨师以淡泊系天下风俗轻重十年，大功德也，然今日先生死矣，先生死矣！

陈忠实传

《人生》之高加林，若《史记》之淮阴侯；《白鹿原》之黑子，若《吴越春秋》之伍子胥。

陈忠实，长安灞桥人，壬午年生蒋村。其时三伏，体皆被痱。陈母曰：『是子焦躁，生不逢雨。』

蒋村，僻村也，去长安五十里，然无车马可达。村南有山，横断浮华，信息至此皆无，虽有电视，只闻其声，不见其形。

其侧有原，曰白鹿原。忠实牧刍于斯，见原上青草，岁岁枯荣，乃有思焉。

忠实好文学，慕赵树理、杜鹏程。其为稚子时，诵《田寡妇看瓜》，摹之，传之，师生赞叹。

忠实虽为文士，然佝佝若老农，先为塾师，后为小吏，凡二十载，遍乡里，三十里皆识其人。

以忠实善属文，乃去吏为文士，隶鸿文馆，以文为职。

时三秦虽盛文士，然乏巨制，有司曰：『关中，人文盛地也，焉得无鸿篇巨制？诸子努力！』乃有路遥，乃有贾平凹，乃有陈忠实，文学先锋，荷甲趋阵，为三秦文学突阵夺寨。

忠实念白鹿原，寤，曰：『吾一生事业，于斯乎？』乃摒城市，居乡里，旧居不堪，雨则无庇身处，乃寄亲戚家。

忠实朝暮游于史志，虽纤微无不览焉，见白鹿乡里烈妇传甚夥，太息曰：『悲哉，白鹿妇人，以一生悲忍，成县志一行之文，血泪何其殷也。吾不为之文，谁为之文？』

乃立志，植梧桐于乡里，曰：『吾书成，此木成。』呜呼！此树今如盖也。

忠实所为，县乡知之。某夕，有友逢忠实，饮，问：『汝浸润史志，非文学家事，何为？』忠实曰：『欲志白鹿原，吾百年后，当以此书为枕。』其年，丙寅年也。

阅史志四年，又六年，书成，凡五十万言。

书皆以白鹿原为事。其略云：某岁，天火焚原，人物几尽，有胡姓，析而为二，一白姓，一鹿姓。清季，白家长老曰白嘉轩，鹿家长老曰鹿子霖。嘉轩者，关中之周公也，孔丘也，守周礼，奉儒理，有所定，不为物移。

逢宣统逊位，嘉轩曰：『民无天子，奈何？』为乡约，不欲天下之乱及乡里。

然天下乱矣，或军阀，或党争，或日寇，国事乱，少年亦乱。白鹿二氏，子女皆不安乡里，或革命，或为匪。白家有女，读书城市，又为革命，终牺牲。

鹿家有子，黑子也，性剽悍，雇于大户务稼穑，诱其妾田小娥归。逢缉捕，仓皇遁为匪，遗田小娥。

小娥不能寂寞，复通白家长子，为家翁所羞，乃杀。白公慎独守静，鹿公焦躁多欲。乱世之秋，人无定志，命如旋蓬，虽曰往昔，如在目下，然白公虽朽，亦不可得也。

夫《白鹿原》者，关中史记也，五十年沉浮，皆志于此书。其文实录，无忌讳，又多鬼幻，阴阳交通，人鬼对语，不可以常类测也。初，以书中多男女欢事，盛于『废都』，目为秽文，书社忌，欲删文数万，或不可，曰：『若删之过甚，则书不成文也。』乃多有所留。

《白鹿原》见于天下，洛阳纸贵，年售十万计。文学富豪榜曰：陈公富贵矣，年得五百万。又获茅盾文学奖。

又十年，王全安以《白鹿原》为影剧，再动天下。

丙申年公历四月二十九晨，忠实卒，年七十三。

太史刘曰：

神州记史，晚清而灭，至于今日，民无史官。后之记史，或面目可憎，或忌讳颇盛，或全无实情，书中人物，全无表情，唯多定论，阅之可笑。

唯览忠实、平凹、路遥诸公之书，托言小说，实则史录，《人生》之高加林，若《史记》之淮阴侯；《白鹿原》之黑子，若《吴越春秋》之伍子胥。人皆有面目，事皆有原委，阅之，平时无一事无一人不在其中。

史书不堪观，观小说可也。

或曰，史书可作三流小说观，小说可作一流史书观。

《白鹿原》以巴尔扎克之言『小说，民族史也』铭卷首，用意深焉。

屠呦呦传

屠药师得诺贝尔奖，言不及奖，兢兢如初。或问之，则答曰：『吾岂有言，所言者，在吾文章。』

屠呦呦，女药师也，宁波人，庚午年生，兄妹五，其名或自《诗经》句『呦呦鹿鸣，食野之蒿』，其终身遂与蒿为缘。

屠药师长成，美而慧，入京师修药学，无所闻名。己酉年，交趾战酣，安南战士死疟疾者众，疟疾能耐药，军医束手而已。

安南乃北求药，时吾国亦纷纷，药师中长者皆废，少壮则不识药理。乃组『五二三』，研秘方，屠药师为主持。

药师与其徒属力研久之，罔效。乃阅古籍，至东晋葛洪《肘后备急方》，知葛真人以青蒿为汁，能制虐。屠药师悟，提纯青蒿，初则粗提，后以乙醚为介，得青蒿素，制虐，施于病患，无不效。

壬子岁，药师宣其方，天下始知此药。其时，吾国不知专利为何物，故利虽及众生，然名不及屠药师与其众属。

后六年，吾国始纳为专利，然署名乃众徒，孰为专利主，茫然哉。

其药行于天下，然争扰者众。癸丑年，云南得黄蒿素，山东得黄花蒿素，皆曰青蒿素。其效胜前，滇与鲁皆曰：吾省所炼药，其法有异，非屠药师之方也。

有识者曰：非屠氏药不及滇、鲁也，乃材有异也，屠氏炼药于北，北材不如南材，故前后参差。若曰专利，则归屠氏。

药师院有尊上者，曰饶毅。饶药师曰：屠氏尝匿药材与方，秘之，不示于吾辈，焉知真伪。然，以近岁见在论文言，其专利属屠药师，无疑也。

又有药师曰钟裕容，提纯第一人也，其在屠氏组，故专利归之亦可。

辛卯年，获拉斯克奖，天下曰：屠药师去诺贝尔奖近矣。

屠药师曰：非吾之功也，乃吾国与众人之力也。

然众人之惑不已，或曰：此药乃以国之力，众人之力成之，屠氏独揽，非宜哉。拉斯克组委则曰：此奖，非奖众人之力，乃奖屠药师初时之见也。

乙未秋，屠药师得诺贝尔奖，言不及奖，兢兢如初。或问之，则答曰：『吾岂有言，所言者，在吾文章。』

太史刘曰：

屠药师获诺奖事，虽有疑，然于中华，喜多于忧也。国之兴，GDP乃一指标，诺奖亦一指标也。凡强国，得诺奖亦多，曰美、曰俄、曰英法德日，皆得奖多而国强也。

吾国前岁管公莫言问鼎，然文学少公论，多随意，故其力不如科学奖；今又获科学奖，则证吾国渐强于力也。

或曰：此不过西方欲顾我，赐之以全脸面。此言又非，他人欲与我脸面，我得先有脸面，不然，欲与脸面而不得。彼贴金于我，我亦得先有贴金之质。

又，药在吾国，有中西之分，争之若仇寇。吾朋友圈修医药者众，闲时蔼然为友，每至中西医，则操戈而向，不能容于言语间，至有退群拉黑者。

然屠药师得方于吾国古籍，吾国之医，亦非谬哉。医理一事，纯科学也，救人也，能济世人，无分中西。夫科学者，以实效为尊，不得以妄执为念，宜哉。诺奖委员以奖与吾国古方，有用意乎？

汪国真传

吾问风雨，风雨不语；岁月如斯，不可郁郁；虽曰无翼，吾亦高翥；虽曰无人，吾亦歌呼；吾有青春，安能我堵。

汪国真，厦门人也，丙申年生于京师。初为工人，戊午年，入暨南学堂，习文学。初无所成名，好诗篇，常诵唐宋，及拜伦、普希金，多蒙其熏染。亦好为诗。

时天下人心清朗，好诗歌，好理想，有梦想，多谈抱负，名利心且微，故诗篇遍九州。有诗人曰海子，曰顾城，曰舒婷，曰北岛，其诗固佳，诚为高品，然闾里乡民，贩夫走卒，稚嫩学子，不能识之，恨其朦胧。

国真曰：此吾之时也。遂投诗篇于四方，见《青年文摘》，乃闻名。

其诗，语皆明白，意能领会，且相关人生，切中人心，多警句，好奋发，天下好之。

其诗云：

功成岂吾所求，吾所求兮远游，风雨兮何愁。

爱情岂吾必成，吾所成兮真诚，玫瑰兮情深。
寒雨岂吾所思，吾所思兮天际，背影兮迟迟。

又诗云：
岂有山高于人，岂有路长于足。

又诗云：
若得青春在，吾等岂足哀。长夜噬天地，朝日复又来。
若得生命在，吾等岂足哀。纵陷大漠中，绿洲花常开。
若得明日在，吾等岂足哀。寒雪且消融，春雷滚滚来。

又诗云：
吾问风雨，风雨不语；岁月如斯，不可郁郁；虽曰无翼，吾亦高翥；虽曰无人，吾亦歌呼；吾有青春，安能我堵。

庚午年始，国真大兴天下，有人烟处即有汪郎诗，虽柳三变莫过焉。

盖其时，人人皆谓明天会更好，有志者明日可期，有心者明日可待，有情者明日可怀，国真诗皆以期待为怀，虽有风雨，但不如晦；虽有曲折，但不蹉跎。又以形象书之，契合天下人心，故天下嗜其诗，一时不能已。

太史刘时为学子，每宿，辄闻校舍书声琅琅，琅琅者。皆诵汪郎诗。

有选美赛，一妙姝摘桂，主持问其志，妙姝曰：『妾得日日诵汪郎诗，足矣。』

某岁，国真至金陵某校，学子见汪郎，群起欢呼，诵汪郎诗。

行十年，汪诗式微，学究皆哂之，有长者曰：三载后，有读汪诗者，吾坠楼。

汪诗式微，非由学究之劓也，乃时也，势也。初，天下谓明日可待，然明日至，不过尔尔，昨日仰望之地平线，竟不能至；风雨兼程，风雨竟不能已，路竟不能行。

民竞于利，诗心丧矣，故弃置汪郎诗。

然国真以诗名，其名随身，坊间慕名，多请题词，故能隐于书，隐于画，隐于曲，悠游度日，尚能优裕。

乙未年，九州大会诸国，我国即席诵诗：『岂有山高于人，岂有路长于足。』乃国真诗。

国真太息曰：『某岁有长者曰，三载后有读汪郎诗者，吾坠楼。迩来二十五载矣，吾诗之行，至今犹盛，此公若坠楼，十回矣。』

天下复思国真诗，然国真病矣。

乙未年公历四月二十六丑时，国真死，年五十九。

太史刘曰：

戊寅年，太史刘始入暨南学堂。临面试，于中文系见大花瓶。视其瓶，有汪师哥名，乃致敬焉。予于汪郎诗，不好之，亦不鄙之。若论其品，中品乎哉？其比海子、顾城、北岛诸公，不及矣；而较之梨花、鲁迅奖，乃高矣。今日鸡汤盛，近于汪诗，然意蕴不及汪诗远矣。

汪郎诗，虽云为诗，其实乃格言警句耳，能发人心，入人情，且重格律，便于吟咏，盛于一时，岂谬哉！

古文版《荷塘月色》

风微香渺，若歌远楼。花颤叶摇，达于彼岸。

吾心不宁，摇摇数日。今夕乘凉，忽思莲池。仰观东月渐高，俯思其景或异。墙外稚子，笑喧渐稀。娇儿欲眠，妻抚以曲。吾披衣，掩扉去。

曲径沿塘，敷以煤屑。昼罕人踪，夜则寂寂。周匝皆木，一行杨柳，一行莫名。月黑之夜，森森惧人。今宵大佳，月光淡淡。

予独行，背手信步，眼前天地，若隶于吾心之内，吾亦拔乎羁束，游乎逍遥。境与人皆相得，或喧、或静、或群、或独，于吾无所不可。

若今夕，独立苍月，虑亦可，无虑亦佳。我身豁余，贵在无羁。

白昼所必行，所必言，皆弃置。独处亦妙，莲嗅之成香，月观之成色，吾且乐。

莲池曲曲，荷叶弥望。拔于清波，亭亭舞裙。白葩点点，缀彼绿叶。袅娜怒绽，羞怯含苞，明珠粒粒，星浮碧霄。皆为佳丽，出浴可拟。

风微香渺，若歌远楼。花颤叶摇，达于彼岸。

叶本密植，则裂碧痕。流水脉脉，掩映莲叶。水虽不见，叶添风致。

月临花叶，如波静泻。青蔼浅浮，乳濯莲叶。轻纱笼梦，月缀淡云。虽无酣照，小睡可比。

月游树外，高有杂木。黑影参差，峭楞如鬼。柳疏点墨，如画叶上。光影合律，如鸣琴筝。

远近高低，四围皆木。杨柳居多，绕此荷塘。小径有阙，以邀月光。树影暗淡，柳姿可辨。

树梢隐约，大意有山。树隙见灯，惺忪睡眼。蝉蛙鼓唱，唯彼有声。彼则得志，我则空空。

睹斯景，思六朝，有女子采莲，彼风流旧事也，岂能消受。

有梁武帝《采莲赋》，亦有《西洲曲》曰：采莲南塘秋，莲花过人头；低头弄莲子，莲子清如水。

是夜若得采莲人，此莲亦过人头矣。然此水不能载舟，吾又思江南哉。

思未已，忽举目，至吾庐。推门入，无声，妻眠久矣。

阅兵赋

卢沟晓月，雪峰落日；淞沪浪奔，昆仑铁流；徐州烽火，缅甸残烟；狼牙厮杀，石牌肉搏；百团驰骋，长沙天炉。

岁在乙未，初秋其时；集我子弟，今日阅师。

所阅何师？所为何事？所阅民族之师，所为纪念之事。

所纪念者何？抗战胜利历岁七十。七十也者，于人乃是古稀；于史乃是瞬息。抗战去我远乎？不远，如在昨日。岂可忘乎？不可不可，前事不忘，振兴之机。

兵者，国之大事。

兵者，国之利器，和平基石，发展前提，民之所依。

抗战之胜，以兵之胜也；抗战之惨，以兵之弱也；抗战持久，以兵之韧也；抗战终胜，以兵之烈也。

今我阅师，以示不忘也，以示武德也，以示发奋也，以示图强也。

国之大事，乃兵与祀。

何为祀者？非鬼神之告也，乃追远也，乃纪念也。

嗟乎，九一八之变，七七之事，痛我神州尝沉沦，中华子弟，欲还我山河，国际志士，欲伸正义，无畏而赴死者，曰杨靖宇，曰张自忠，曰赵一曼，曰佟麟阁，曰郝梦龄，曰王铭章，曰高志航，曰谢晋元，曰左权公，曰寸性奇，曰戴安澜，曰白求恩，曰狼牙山五壮士，曰四行仓库八百孤军……

我死国生，我亡国存。但求河山之全，不求性命之全；但求祖国之存，不求自身之存。

故慷慨赴死者，计以百万。

无辜死于倭寇刀锋者，无虑千万。

此不可祀乎？不可纪念乎？

而上乘之祀，上乘之告慰，莫过强兵。

而兵之强者，师之壮者，莫过精之锐之利之。

故于是日，宣于寰宇曰：我裁三十万兵。

兵之力，不在多，乃在精。

何来和平，兵精即和平。

今日我师，诚精矣。

忽闻地动之轰隆兮，铁甲如云，瞻彼九九式，摧枯拉朽，陆战之王，谁敢睥睨。

忽闻惊涛之拍岸兮，有车如鳞，瞻彼两栖式，海陆突击，海战骄子，谁敢轻敌？

昔有黄河之咆哮，今有东风之浩荡，一弹而多头，敌之航母安能知所避匿兮？

砺我红箭，射陆战金刚；升我轰六，制远程虎狼；扬我东风二六，破巨舰于大洋；亮我歼击十一，行九霄如徜徉。

弟子皆为虎贲兮，行阵多为高衔。战机皆为新锐兮，护旗乃是将校。

所谓国力，亦为火力。

将军百战死，壮士十年归；归来白发，壮心不已。

瞻彼老兵兮，全场起立，全民起立，山河起立，寰宇起立。

谢此干城，中华不亡；功勋岂忘，万古流芳。

以昔日之死，换今日之生；以昔日之伤，换今日之强。

手犹存昨日弹片，耳犹闻早岁厮杀，何谓国器？老兵即是，即神器、重器、利器、大器。

雄师犹在，执其干戚，见彼旌旗，思其往事。平关一一五，阳明一二九，雁门一二〇。

卢沟晓月，雪峰落日；淞沪浪奔，昆仑铁流；徐州烽火，缅甸残烟；狼牙厮杀，石牌肉搏；百团驰骋，长沙天炉。

俱往矣，唯壮士热血，沃此厚土，哺此国邦。

友邦有师，会此盛典。抗战之重，三分居一。举世皆知，青史永刻。

七十载也者，不过白驹过隙，当初与子同袍，言何壮烈，靡不有初，鲜克有终，但得天下皆初心，

苍生有依，不闻干戈，幸甚也哉，幸甚也哉。

乙未年公历九月三日记

莱昂纳多传

刻苦含茹，忍人情之所不能忍，久而不能成者，此乃天欲以磨砺成之，不可怨天与人也。天以磨砺成人，未尝以磨砺毁人。

莱昂纳多·迪卡普里奥，美利坚洛杉矶人，甲寅年生。其外祖俄人也，自俄涉德，其父，爱尔兰裔。故视之若俄人。东土名曰小李，或李生。

李生浓眉，容蹙，颧高，虽长八尺，然四体视之若短，相者曰：李生能发达，然非刻苦不成也。其母甚爱之，幼以巾帼为之，不知者以为女子也。十六岁，始为伶人，饰《恼人少年》，初为天下知。年十九，为《不一样的天空》，演一痴少，皆曰妙，金人有招，虽不得，然亦擦肩。李生得意，自谓金人不过数载，唾手之事尔。

然人世间事，不得意者十之八九，李生刻苦，自兹始也。

他剧皆不足道，东土人亦不知，丁丑年，好莱坞演《泰坦尼克号》，铁达尼旧事也。李生演一浪子杰克，倜傥不可羁，登铁达尼巨舟，识富家姝露丝（饰者温姬），缱绻生情，生死从之。铁达尼覆，杰克谓露丝曰：『卿跃乎？』露丝曰：『君跃，妾从之。』乃弃舟入海，杰克舍命，予之露丝。

《泰坦尼克号》至东土，东土人若狂，空巷观之。当时李生风流，温姬蕴藉，皆妙人也。九州有情众生，见李生沉冰海，皆泣不能仰。

太史刘时亦少年，为女子所弃，郁郁不乐，观剧，笑曰：『李生温姬欺我，世间哪得爱情？欺予哉，欺予哉！』且笑且泣。太史刘观剧，能泣下者，罕有也，此剧乃是。

是剧披靡寰宇，后十余岁，又复3D，然旧情重温，温姬玉体不得见。是岁，李生不得金人，亦无恨，以李生年少，雕琢未成，以待他年。

温姬自后别适，然于李生，不忘焉，当时脉脉不得语。又十年，逢李生，方得言于众：『妾爱李郎，久矣。』然斯时，岁月逝矣，情境迁矣，李生老矣，温姬肥矣。

李生自是，形意皆属意于金人，虽朝夕间，虽寝饭间，不能移情。致力于斯，为之瘦，为之肥，为之痴，为之死，消得人憔悴，消得衣带爆，然天命不在，奈何。

乃为《血钻》，乃为《飞行家》，乃为《盗梦空间》，乃为《禁闭岛》，乃为《华尔街之狼》，皆自销其材，自毁其形，不见玉人之质，玉山之姿，颓然废然，狼藉不堪，见之若虎狼野犬，杀掠之徒。

每岁奥奖皆有唱名，众人曰：『李生与金人近矣。』然每岁皆不过唱名，皆失之交臂。

天下人，无论东西，抑或南北，皆为李生不平。每逢失落，皆曰：『吾等为李生痛哭。』有巾帼团，自铸一银人，予李生，曰：『奥奖不予李君，妾等与之。』

李生亦怏怏，乙未年在洛杉矶，逢女左史，黯然曰：『今岁金人入我怀乎？』久之，乃自伤曰：『或又徒劳也。』

乙未年末，李生见，肥若囊，须发皆乱，目无光，颓然老叟也。天下人皆惊诧：『李郎不得意，乃如斯乎？』

丙申年，好莱坞《荒野猎人》见，李生演一皮货贾，逐利入无毛极寒地。同侪杀其子，弃其人。李生绝而复生，乃食腥饮血，手搏熊罴。荒野大雪，无可避寒，乃入马腹。又，李生本素食者，不茹荤，为此，居然生食马肝，见而骇然。以此，得返人间，杀仇得货。

李生为是，尽心力焉，无复为人类也。

章子怡见之，乃曰：『今岁金人，必为李君所得。』

是岁，正月二十二，奥神曰：『李生如此，可矣。』

乃以金人予李郎，天下皆喜，粉丝皆泣，网上刷屏，若登基然。颁此樽或为民意，未必演技也。

李生折桂，非一人折桂，乃天下爱李郎者折桂也。

太史刘曰：

东周有豫让者，为刺仇，漆身吞炭，矢志不移。李生虽不及此，然为金人，无复以人类视己，凡人之所不能为者皆为之，且兽之所不能为者亦为之，忍之二十二春秋，八千又五十余日，终逞其志。

光武帝曰：有志者事竟成。然，竟成者，未必即成也。

刻苦含茹，忍人情之所不能忍，久而不能成者，此乃天欲以磨砺成之，不可怨天与人也。天以磨砺成人，未尝以磨砺毁人。

此情李生有之，与共勉。

阎肃传

肃以填词为任。居室中，久不得其词，闷甚，乃寰屋而行，不已，儿女呼曰：『父之行走何疾也，地为之穿。』肃寤，乃填词曰：『问路兮何方，路在足下。』

阎肃，冀保定人，本名志扬，庚午年生。幼贫窭，七岁之武汉，九岁辗转至重庆，逢日轰炸，毁庐宅，几无所归。

肃敏悟，能学，十七岁入重庆大学堂，修工商，逢王师入渝，乃弃学，入军籍，为文士，度曲、赋诗、作戏、填词，皆能为。

肃之为人，能自下，虽曰文士，但诸杂事，皆身为之，若掌灯，若洒扫，若斥候，能自卑贱。尝赴高丽，为军前壮士讴歌度曲，识三军之壮，大有得也。

乙未年，隶空政，始得肆其能，若大鹏行于空，恢恢然有余也。填词《吾爱长空》，铿锵雄壮，若龙行九霄，有万古羽毛之势，空军壮士闻而气沛，皆思报国，至今传之。

肃在重庆，知忠烈事，乃为词，歌英烈忠武郎许云峰、江姐事，其曰《红梅赞》、《绣红旗》。其事虽在囹圄，然其志不挠，有正气焉，浩浩乎若长风击空，凛凛然若冰雪之操，虽皆身死，然若有不死者。呜呼，云峰、江姐之不死，乃肃之力焉。

初，为曲之真，肃乃自枷于红岩狱，饮食皆同囚。七日，乃曰：『吾知英烈之苦矣。』乃为词，硁硁有金石音，动于天下，闻者莫不悲，莫不奋，莫不兴。至今犹然。

甲辰年，伟人召阎肃，面许之，誉之曰：『佳。』

肃短小，家贫，薪不过尔尔，父早死，乃赡其母及弟妹，故虽名于天下，然无妻。将军惑焉，知有河北女李氏，大族也，撺掇媒妁，李氏曰：『惜其身短。』将军曰：『才不短。』李氏犹豫，曰：『且待之。』乃与肃游。数日，乃喜曰：『阎郎诚才子也。』乃嫁肃。肃甚惧其妻，虽为肴不甚了了，亦不敢言。

肃之长子，名宇，尝问其父：『严君才气，闻于天下，军中美人累累，何不得之？』肃曰：『小子，慎言，岂不惧尔母闻之乎？』

又谨于言，虽笔下千般锦绣，然言之讷讷，忠厚长者也。

肃能为先王之乐，亦能为今人之乐。每有春晚，皆不可阙此公。央视为玄奘西游剧，肃以填词为任。居室中，久不得其词，闷甚，乃寰屋而行，不已，儿女呼曰：『父之行走何疾也，地为之穿。』肃寤，乃填词曰：『问路兮何方，路在足下。』

此曲闻，亿民皆歌，今犹不衰。央视西游盛于今，肃有力也。

又谱《雾里看花》，那英歌，九州皆识。

肃有子女各一，皆成器。子为商，富；女机敏，为桥牌，虽朝公卿，亦乐与之戏。肃嫁女，婿宴饮不盛，夫家高堂不至，肃长子怒，然肃若无事，高饮赋诗，勉婿与女，其豪拓如此。

太史刘于阎公之曲，甚详焉，尝记幼时，表姊与其夫君相好，每夜无娱乐，二人乃携吾至县剧院观剧，其剧无非《洪湖》《红岩》，夜夜如此，太史刘为灯泡，闻此曲千百遍，昏昏眠，然其曲至今能诵。吾为七〇后，多好港台，不喜阎公曲，然其能谱西游、看花，足见此公不朽，能与时俱进，诚能也。

阎公虽谨慎，然亦能为壮语。乙未年，文艺大会，阎公起而对曰：『军中亦有风花雪月。』座中皆惊，问何以？阎公答曰：『风者，铁马秋风；花者，战地黄花；雪者，楼船夜雪；月者，边关冷月。』座中皆与之。

晚岁，闻军中削伎伶，忽忽不乐，怅然曰：『军中无歌，奈何？』

丙申年，阎公卒，年八十六，爵同上将。

古文版《项链》

呜呼，吾友苦矣！妾之项链，伪也，五百法郎尔。

世有妙姝，然无富贵之命，生寒微之家。法兰西有女子曰玛蒂尔德者，有丽质，惜生于寒微，无优渥奁资，不得识富贵之子，乃归礼部小吏。

玛蒂尔德自哀甚深，自谓乃为富贵而生。见所居仄隘，所用寒素，则悲之。虽白昼，亦梦焉。彼梦居华室，垂流苏，布帷幕，立高灯，呼群仆，就暖炉。厅有壁衣，瓷宝琳琅，往来皆名流，谈笑有公子。然每至夕时，对凡夫，食粗粝，据小案，不过寻常肉羹，其夫必惊呼，谓为佳肴。玛蒂尔德甚羞之，又复梦矣，梦流光银器，方外园林，精妙壁衣，精脍鲈鱼，稀珍松鸡，公子在侧，软语相好。

彼又自伤无绮罗华服，无夜光美玉，彼自谓为富贵而生，美而艳，得公子垂青。皆不得，恨。

玛蒂尔德有同窗，嫁富贵人。玛蒂尔德不欲见之，伤其富贵而已不能也。

某夕，其夫得柬，礼部尚书要其伉俪与一月十八日舞会。其夫罗塞尔喜，然玛蒂尔德愁甚，曰：『妾无华衣，妾无珍宝，何以赴会？』

罗塞尔，忠厚人也，问妻曰：『若得赴会行头，须资几何？』

罗妻计之久矣，乃曰：『需得法郎四百金。』

罗塞尔闻之，面白而青，惊不能言，其有金如数，欲购枪与二三好友会猎于野，然其爱妻甚，乃曰：『可。』

临期，玛蒂尔德无笑颜，罗塞尔问之，乃曰：『妾无首饰。』罗塞尔曰：『摘花为簪，可乎？』玛蒂尔德大恨，曰不可。

罗塞尔乃曰：『汝有友曰弗雷斯夫人，可借珠玉。』玛蒂尔德曰：『然，妾居然忘之。』乃索借于弗雷斯夫人，见金刚钻镶项链，喜不能禁，手战战，乃借此宝。

舞会之夕，玛蒂尔德艳冠群芳，豪门公子皆欲识之，尚书亦知其名。玛蒂尔德自谓神仙中人，唯恨春宵短尔，东方既白，犹未尽兴。其夫君蹩居旁室，冷落无人问。

舞会毕，玛蒂尔德恐众人识其寒相，与其夫疾走，至无人处，乃登车去。返舍，卸妆，面镜，忽失项链所在，二人且惊且惧，遍觅之，不得。罗塞尔乃循来时路径，处处觅之，至夕方返，不得。玛蒂尔德不能眠，惊惶不明所为。又悬赏，凡能觅之者，皆觅之。竟不能得。

乃以书贻项链主曰：『配饰失，修葺，须俟数日。』乃遍巴黎珠宝肆访之，得有项链，仿佛前物，问值，法郎四万，九折。罗塞尔甚贫，祖有万八千法郎，又举债其半，购项链。还弗雷斯夫人，夫人不悦，曰：『汝还之何迟迟！』

罗塞尔与其妻为偿高息债，居陋室，为贱事，玛蒂尔德洗衣涤皿，纤指玉肤虽损，亦不得惜，汲水登高楼，亦不得苦。与人货易，必锱铢争之。

月偿旧债，复立新债。

其夫为商贾誊账，每至于深宵，甚刻苦。

历十载，乃得偿。玛蒂尔德老矣。若无当年佳舞，何至于斯？造物之弄人，岂可预知？

某夕，玛蒂尔德逢弗雷斯夫人，夫人青春富贵未衰，玛蒂尔德呼之，夫人闻而见，不识何人，玛蒂尔德乃曰：『妾玛蒂尔德也。』

夫人大惊，久辨，乃曰：『果然，妾之旧友也，悲哉，汝何以至此？』

玛蒂尔德曰：『由汝也。』

夫人又惊，曰：『何谓也？』

玛蒂尔德乃述旧事，借链失链还链，种种如昨日。

弗雷斯夫人闻之，悲惭，执玛蒂尔德手曰：『呜呼，吾友苦矣！妾之项链，伪也，五百法郎尔。』

古文版《背影》

越铁轨，升月台，岂易事哉？彼左微倾，若不胜力。吾见其背影，泣，又拭之，惧见于吾父与人。

呜呼，吾之未见吾父，两载矣。吾不能弃置者，其背影也。

其岁冬，祖母死，父卸职，交困。吾自京至徐，欲奉父奔服。其时宅院狼藉，又思祖母，泣。父勉之曰：『遂事不哀，天岂绝我。』乃典当补亏，假资办丧。家窘，半为丧，半为赋闲。毕，父欲之金陵，吾反京，偕行。金陵勾留一日，翌日渡江，登车北行。

初，父以事不送吾，嘱茶房以随，语之周详而烦，复又曰：『吾身送之。』其时吾弱冠矣，京师详熟，岂碍？父执意，不得违。乃渡江，候车。吾购票，彼顾行李，与脚夫语，甚絮叨。彼时吾自谓甚敏，暗哂曰：『鄙哉吾父，不善言。』

吾登车，父为吾择座临窗，吾以彼为吾所制紫毛衣敷座，父又曰：『慎寐慎凉。』又语茶房多顾我。吾闻言而笑，暗曰：迂哉，此辈但认孔方，尔言徒然。且吾长成矣，岂不得自顾？今思之，吾轻狂甚。

毕，吾劝父行，父曰：『尔候我，我买橘。』吾见有卖橘者，栅栏外，父体肥，逾之非易。吾欲往，父曰不可，乃自往之。

吾父玄布冠，衣黑马褂，深青袍。蹒跚，至道畔，缓屈身，尚可。越铁轨，升月台，岂易事哉？彼左微倾，若不胜力。吾见其背影，泣，又拭之，惧见于吾父与人。须臾，再视之，渠已抱红橘返。过道，以橘置地，缓匍匐，再抱橘。至于斯，吾携之行，登车，彼以橘置吾紫袍。以手去尘，若闲，曰：『吾行，至京来书。』吾目之，彼行数武，回首，曰：『且登车，车中无人。』候其不见，吾方坐，复坠泪矣。

近岁，严君与我流离，家境日下。其年少谋事，亦能成，不意老而颓如此！伤于怀，郁于中，不免易怒，或见薄于吾。然两载不晤，彼忘吾之劣，常思吾，思吾之子。吾北，彼与我书，曰：『吾康安，然臂膀有碍，举笔甚艰，大去不远矣。』

吾阅至此，泪盈，复见其微肥、青袍黑褂之背影。

呜呼，吾之再遇吾父，何时哉？

肖申克的救赎

瑞德尝戏曰：『以此物凿穴，六百年可也，然安迪十九年凿通矣。』

安迪，美利坚银行家，性冷峭，于其妻亦是。妻乃通于高尔夫球教头。安迪大恨，某夕，饮酒、携枪驱车，欲有所为，寻又悔，弃枪于河，反舍，辄见妻与奸夫皆死于床，各饮四弹。安迪莫得辩，州郡判其终身监。安迪入狱，狱曰肖申克，其时丁亥年。

肖申克有管营曰诺顿，斯文若教授，好《圣经》，每训新囚，必以《圣经》。曰：『尔等灵魂，托于《圣经》；尔等贱命，托于吾。』又有差拨曰海利，凶暴人也，多殴囚致死。

安迪高冷，罕言语，狱中视为异物，唯黑人瑞德友之。安迪见瑞德曰：『吾无罪。』瑞德曰：『无罪至此，宜哉。』

瑞德能为贸易，众囚欲购什物，皆索于瑞德，能遂意。安迪于瑞德索锤，瑞德笑曰：『尔欲越狱乎，以此锤，六百载或可。』安迪曰：『吾雕琢锤子耳。』又索美人挂历、《圣经》，皆能如意。

某日，安迪、瑞德众囚缮舍顶，闻差拨海利曰：『当今税重，经营不易。』安迪忽径前，率尔曰：『吾能助君。』

海利暴起，执安迪，欲掷于地，曰：『尔何知，居然与大人言。』

瑞德诸人见，皆觳觫。

安迪亦觳觫，曰：『吾为银行家，识账目，知规避，君需我哉！』

海利心动，与众人酒，饮于监舍顶，众囚自此感安迪。

差拨言安迪事于管营诺顿，诺顿佯为查房，与安迪暗计偷税事。见其室有石，问何为。

安迪曰：『刻棋子。』诺顿曰：『可。』见壁有美人挂历，诺顿笑曰：『鄙哉，然亦可。』

又见《圣经》，乃曰：『此书可与吾乎？』安迪曰：『诺。』诺顿秉圣经，行，至门首，反身还安迪，笑曰：『此书君自珍重。』

自是，狱卒皆尊安迪若神，凡有经营，皆咨安迪，其子女教育亦如是。

先，囚中有曰三姐妹者，实好龙阳之男子也，数辱安迪。差拨闻，刑，三姐妹皆残。

管营诺顿，贪赃人也，剥削众囚为营生，以其工廉，故获利厚。有商不能与之竞，乃以函纳饼与诺顿，曰为内人所烹，实有金于函中，诺顿纳金，以工程与某商。其贪如此。

诺顿乃雇安迪为账房，凡所有营，皆历其手，俗谓洗黑钱也。而钱之所归，则非实人，又虚拟一人，诸证俱全，亦有户头，钱皆归于是人，是人乌有，存于文件。

安迪欲于狱中设图书馆，数书信与州郡。州郡不堪其烦，乃准，亦捐金五百。安迪笑曰：『此不足也。』又促，周两信，州郡惧其有恒，增资，狱囚始得有读书，安迪为之师。所为假账，则匿管营室中壁上一穴。

安迪污其身与造账事，心则不然之，重情怀，能文艺。某朝，锁狱卒于室，于广播室播《费加罗婚礼》，仰于榻闻乐，若无事人，欣欣然心游八极。肖申克众囚闻其乐，皆立，无语，瑞德曰：『吾不知其为何乐，然闻之，能知自由之志。』

十余载，安迪志欲终老肖申克。时有嬉皮士汤米者，入肖申克，乃不识丁之辈，安迪教之，能粗识文字。

汤米闻安迪事，曰：『吾师冤狱也，吾知之。乃叙其由。』

先是，汤米在他狱，与某重囚语。重囚曰：『吾尝入室劫财，逢某银行家妻与高尔夫球教头通，吾杀之，一人四弹。官差不知乃吾所为，归其罪于银行家，快哉！』

安迪闻，乃言于管营，曰：『吾之冤可白也。管营不然，忧安迪若出，造账事败。乃要汤米言于狱外，狱卒毙杀汤米，诬其越狱。』

汤米死，安迪事莫得白，怒，管营禁闭安迪数日，安迪乃无语，曰：『吾无望矣，愿复旧事。』

诺顿笑曰：『尔为囚，须认命，为吾造账，享狱中富贵，岂不乐哉？』

一日，安迪与瑞德语良久，其语皆缥缈。

安迪曰：『吾未杀妻，然吾有罪，冷遇吾妻，今十九载也，皆赎矣。吾欲往墨西哥之太平洋滨，购一舟、一舍，租赁营生，终老于彼，可乎？』

瑞德谓其狂也，曰：『太平洋乃何物也，其浩大令吾无所措手足，吾乃燕雀，安此狱中，若出，茫然不知所措手足，悲哉，吾体制化矣！』

安迪曰：『希望，不可弃也。』

瑞德曰：『希望，使人恼，君忘之可也。』

安迪又曰：『人所为何事？忙乎生，忙乎死。』

言终，安迪忽曰：『君若得假释，可至某野某树某墙垣处，此乃吾于妻求婚处，石堆下有函，函中有书信，君可读之。君志之，墨西哥海滨芝华塔尼欧，可于此处逢。』

瑞德不明所以，心谓安迪狂矣。又闻某囚曰：『安迪于吾索六尺绳，吾与之。』瑞德闻而伤，其夜不眠，惧安迪或自缢。

翌日晨，狱卒唱名，安迪所囚室二四五，无应。狱卒怒，至其室，启扉，已失安迪所在。肖申克震恐，管营、差拨至二四五室，管营诧曰：『此人如排泄之屁乎？居然不见！』怒而惊惧，室有碎石，刻棋之余也，诺顿以石砸壁，至挂历，洞然若无物，掀画，大惊，见一长穴，可容人匍匐出。

安迪从容越狱矣。

大搜，五百码外见安迪囚衣，皆泥污，有一石锤，残破，乃安迪物也。

瑞德尝戏曰：『以此物凿穴，六百年可也，然安迪十九年凿通矣。』

管营不悟安迪藏锤何所，乃启壁上穴中藏假账处，假账亦失所在，唯一《圣经》上书：『大人，救赎道于此中。』

经中有深凹处，乃凿而置锤。管营尝欲索《圣经》于安迪，安迪若无事，殊不知锤在此中。

初，安迪夜凿棋子，偶触壁，壁上灰簌簌落，乃生越狱念。

其夜凿暗道，其尘纳裤管，昼出劳作，乃弃尘于劳作地。又，室中雕棋，掩其尘土迹也。

安迪见汤米死，冤狱不得白，乃决志遁去。与瑞德别，是夜，造账后，以《圣经》匿管营壁中，匿账本于身。

每夜，管营以旧衣与安迪，委其干洗。安迪乃以隔水纸裹其衣与靴，又索六尺绳，系于足。

是夜，雷鸣而雨，安迪自穴中出，至排水管，以刻棋之石砸管，雷声掩之。

管破，匍匐粪尿中，行五百码。至野。

但见风雨如晦，雷鸣若怒，闪电不息，万物惴恐，鸟兽隐踪，肖申克群牢在雾中，远矣。

安迪弃囚衣，仰天舒臂，长笑，自由矣！

安迪去，更管营之衣，楚楚若富贵人。至缅因州银行，充造账所虚拟之人，尽取金三十七万。

又寄管营罪证于报馆，从容去墨西哥矣。

见报，管营事发，有司往拘捕，系差拨海利，海利哭若泪人；管营诺顿闭室，拔枪自戕，血溅户牖。

是岁为丙午年。

自是，肖申克皆谓安迪为神人。

瑞德垂垂老矣，先尝为重罪，欲假释而不得。是岁，又逢假释，有司问：『尔知罪乎？尔忏悔乎？』

瑞德嗤笑之：『吾无所谓矣，吾尝见少年之吾，问其知罪乎？忏悔乎？彼不言。吾之假释与否，尔等随意。』

居然假释。

瑞德释，不能容于世，乃其系于狱久矣，不能适世间事。

先有老囚曰老布者，因肖申克五十载，假释，为人所厌，乃自缢死，刻字于梁：『老布游此。』盖体制化之悲也。

瑞德无生之乐，欲死，见梁上老布所刻字，悟，亦于旁刻字：『瑞德一游。』

乃思安迪临别言，往所约之所，果于树下石堆中得一函，函中有信，曰：『吾友瑞德，见此信君则出狱矣，莫忘吾言，往墨西哥芝华塔尼欧与吾会。』

函中有金，旅资也。

瑞德乃往墨西哥，至太平洋畔，果见海滨一旅舍，波上一舟，舟上一人，逍遥若神仙，视之，乃安迪也。

安迪见瑞德，笑曰：『君果不负言。』

时海清天阔，碧波无垠，天地如斯之大，自由若八极之无界，快哉，快哉！

二人乃于海滨安然终老，今或尚在，以自由在也。

太史刘曰：

壬午年，吾居广州罗冲围，报社宿舍也。于常州李君处观此剧，喟然而叹：『人生之至上者，自由也。』是年，李君为自由，乃弃职往故里，今悠然哉。

夫安迪以无罪身陷囹圄，虽在冤狱中，然未尝一念间忘无罪之身也，故十九年而破壁出，至大自由境。

人之生而无罪也，然世间之教，以有罪处之，以体制囚之。尔不努力，有罪；尔不顺从，有罪；尔不适规则，有罪；尔放任，有罪……

呜呼，人之于世，居然赎罪之旅也。久之，亦自忘自由之身，亦自以为有罪。一切忍耐、奋斗，皆为赎罪也。

安得破壁于体制，穴其壁而出，得一舟泛于大海哉？

古文版《飞鸟集》【节选】

冯唐译飞鸟，文中多说鸟。面世即遭禁，诲淫不诲盗。此情岂足怪，小事变大了。吾才远逊冯，但爱读诗骚。试以汉唐篇，来译此飞鸟。不拘平与仄，托言古体高。文辞皆不达，但贻世间笑。

一、夏日飞鸟鸣我窗，自来自去歌咏长。唯有秋叶不识曲，零落一声自哀伤。

郑振铎版：夏天的飞鸟，飞到我窗前唱歌，又飞去了。秋天的黄叶，它们没有什么可唱，只叹息一声，飞落在那里。

二、流沙有意慕芳草，芳草无情拒流沙。

郑振铎版：无垠的沙漠热烈追求一叶绿草的爱，她摇摇头笑着飞开了。

三、不见朝日徒涕零，又恐夜来失星辰。

郑振铎版：如果你因失去太阳而流泪，那么你也将失去群星了。

四、昨夜梦中不相识，今朝醒来皆亲爱。

郑振铎版：有一次，我梦见大家都是不相识的。
我们醒了，却知道我们原是相亲相爱的。

五、沧海问天天不语。

郑振铎版：
『海水啊，你说的是什么？』
『是永恒的疑问。』
『天空啊，你回答的话是什么？』
『是永恒的沉默。』

六、鸟恨不为云，云恨不为鸟。

郑振铎版：鸟儿愿为一朵云，云儿愿为一只鸟。

七、生当娇艳如夏花，死亦娴美如秋叶。

郑振铎版：使生如夏花之绚烂，死如秋叶之静美。

八、莫以意不适，责彼盘中餐。

郑振铎版：不要因为你自己没有胃口而去责备你的食物。

九、湖中有荷托露珠，露在叶上对湖语。君居其下我居上，与君其实同一物。

郑振铎版：露珠对湖水说道：『你是在荷叶下面的大露珠，我是在荷叶上面的较小的露珠。』

十、借得寸草绿，大地致殷勤。

郑振铎版：大地借助于绿草，显示她自己的殷勤好客。

十一、天地虽浩瀚，亦有倾心人。去此岸然貌，如歌亦如吻。

郑振铎版：世界对着它的爱人，把它浩瀚的面具揭下了。

它变小了，小如一首歌，小如一回永恒的吻。

十二、暮雨风不止，飘飘摇草木。睹此兴玄思，伟哉彼万物。

郑振铎版：阴雨的黄昏，风无休止地吹着。

我看着摇曳的树枝，想念着万物的伟大。

十三、辰宿灿烂自高远，何惧人说似萤火。

郑振铎版：群星不怕显得像萤火那样。

十四、人生相逢何所似，海鸥飞飞逐波涛。一时遭遇彼此近，转眼分离路迢迢。

郑振铎版：我们如海鸥之与波涛相遇似地，遇见了，走近了。海鸥飞去，波涛滚滚地流开，我们也分别了。

十五、燕雀不识孔雀美，见其负翎徒忧伤。

郑振铎版：麻雀见孔雀担负着它的翎尾，替它担忧。

十六、劝君饮我杯中酒，他人杯中意已消。

郑振铎版：在我自己的杯里，饮了我的酒吧，朋友。

一倒在别人的杯里，这酒的腾跳的泡沫便要消失了。

十七、繁华开枝头，盼子何殷勤。佳果今安在，答曰在此心。

郑振铎版：『你离我有多远呢，果实呀？』

『我藏在你的心里呢，花呀。』

十八、杯水清且亮，海水暗如墨。小理可言说，大理唯缄默。

郑振铎版：杯中的水是光辉的；海中的水却是黑色的。

小理可以用文字来说清楚；大理却只有沉默。

十九、鸟翼系黄金，岂能飞云霄。

郑振铎版：鸟翼系了黄金，这鸟便永不能再在天上翱翔了。

二十、人生如渡海，彼此聚舟中。死去乃登岸，各自散匆匆。

郑振铎版：我们的生命就似渡过一个大海，我们都相聚在这狭小的舟中。

死时，我们便到了岸，各往各的世界去了。

二十一、犬虽卑小，乃疑天地谋己。

郑振铎版：小狗疑心大宇宙阴谋篡夺它的位置。

二十二、权门行恶自矜夸，落叶浮云亦蒙羞。

郑振铎版：权势以它的恶行自夸，落下的黄叶和浮游的云片却在笑它。

二十三、萤火笑星不长久，星在天际但无语。

郑振铎版：萤火对天上的星说道：『学者说你的光明总有一天会消灭的。』

天上的星不回答它。

二十四、急于为善者，无暇为善人。

郑振铎版：太急于做好事的人，反而找不到时间去做好人。

二十五、夜与昼离别，轻轻地耳边语：我死能生汝，我乃尔慈母。

郑振铎版：夜与逝去的日子接吻，轻轻地在他耳边说道：『我是死，是你的母亲。我就要给你以新的生命。』

二十六、人生贵自然，或作或无事。忽曰欲有为，于是乱纷起。

郑振铎版：或者你在工作，或者你没有。

当你不得不说『让我们做些事吧』时，那么就要开始胡闹了。

二十七、我乃秋天云，空空不含雨。若论惠泽功，但视田中谷。

郑振铎版：我是秋云，空空地不载着雨水，但在成熟的稻田中，可以看见我的充实。

二十八、世人所赞非所宜，矜夸妒忌与残杀。上苍蒙羞意不肯，荒草一堆埋了它。

郑振铎版：他们妒忌，他们残杀，人反而称赞他们。

然而上帝却害了羞，匆匆地把他们的记忆埋藏在绿草下面。

二十九、君与我逢笑无语，我为逢君历三生。

郑振铎版：你微微地笑着，不同我说什么话。而我觉得，为了这个，我已等待得久了。

三十、狂雨一朝逢茉莉，我欲与卿有神交。茉莉岂堪暴雨催，哀吟一声凋零了。

郑振铎版：雨点向茉莉花微语道：『把我永久地留在你的心里吧。』茉莉花叹息了一声，落在地上了。

二〇一五年高考赋

芒种前后，夏花灿烂。少年学子，会斯盛典。练兵千日，临此一战。

芒种前后，夏花灿烂。少年学子，会斯盛典。练兵千日，临此一战。长夜漫漫，枕戈待旦。思前想后，未免辗转。汝今能记否，椭圆双曲线；我昨犹忆是，杂交生物圈。床前明月光，默念诗文篇；一夜风雨声，长忆司马迁。宾语且前置，恒河在哪边；名词能活用，无机乃明矾。子午线，三八线，匀变速直线，东方朝日射金线。早行岂止学子，全城皆已动员；挥汗未必考场，举国都在驰援。车辚辚，马斑斑，交警干警皆宵旰，学子路途且得安。我思静静，搦翰临案；众念默默，挥毫写卷。

眉目无复萌萌哒，莫等闲；表情不再么么哒，胆生寒。

或刀沉马快，轻舟已过万重山；或李广善射，题题命中落群雁；或执笔苦思，上穷碧落下黄泉；或不知所云，两个黄鹂翠柳边；或离题万里，一行白鹭上青天。

答题要凭第一感，人生若只如初见。公式数列乱如麻，轻拢抹挑且慢捻。昔日模拟能倒背，哪知转入此中卷。答案若都选得对，大珠小珠落玉盘。只怕半生又半熟，题在虚无缥缈间。又恐思维忽受阻，幽咽泉流冰下难。

忽然铃声动地来，惊破考生手中卷。核对试题起高潮，或喜或悲皆空谈。只怕考场寻她千百度，蓦然回首，交卷之后见答案。

嗟我父母，劬劳无怨；朝送暮迎，风雨不断。候于场外，赤日炎炎。或蹲或立，翘首以盼。心内汤煮，仍见笑颜。公子王孙，岂不勤勉？

春哥不足信，成绩靠实干。提高一分，干掉一千；少得一分，名落孙山；一本二本，咫尺之间。

登榜虽然灿烂，落榜亦能绚烂。刘项原来不读书，盖茨辍学在路半。状元未必能闻达，李杜落榜千古传。世人皆知曹雪芹，试问几个识毕沅？

若能落榜而有志于道，孔子云：虽曰未学，吾必谓之学焉。

嗟乎，千日相聚，千日扶持，只为一考之离散。念念去矣，我或在兰，你或在南，他与她，或在韩。

虽云天涯若邻，相逢只刷朋友圈。

故今日临考，太史刘一祝个个皆如愿，再祝岁岁能见面，三祝他日偶然几对能成眷。幸甚至哉，歌以咏叹。

二〇一六年高考赋

亲射虎，看儿郎，心中做题无数遍；南北望，无数山，雄兵九百四十万。

学如秋叶之静美，考如夏花之灿烂，自古考场无苟且，为远方枕戈待旦。

芒种已过，端午边沿。梅子黄雨，风絮满川。

嗟我学子，千日备战。嗟我父母，含辛无怨。

谁的青春不迷茫，考场迷茫则完蛋。本事全从此中来，管它黄冈与毛坦！

一个是点线角面，一个是函数极限，今生偏遇着它，从春读到夏，从夏读到冬，才下眉头，又上心间。

自古英雄出少年，受力分析是关键；白波九道流雪山，融水全是硝酸盐；故国回首月明中，国家前面用定冠；从此萧郎是路人，秦岭淮河隔两面；东市西市买鞍马，货币流通重交换。

亲射虎，看儿郎，心中做题无数遍；南北望，无数山，雄兵九百四十万。总数有减川桂增，二十六省同考卷。

渔阳鼙鼓动地来，挥毫临案；使我三军汗如雨，焉敢顾盼？相逢务必要相识，精确判断；桃源望断无寻处，忽然凌乱；为谁流下潇湘去，寻根溯源；忽闻海上有仙山，仿佛答案；三军过后尽开颜，终得完满。

功名未必在考场，考场尽力当无憾。范进中举多艳羡，应试教育辩证看。举家食粥曹雪芹，富贵荣华王式丹。汲汲遑遑蒲松龄，坐拥千石傅以渐。读书报国文天祥，哭庙枉死金圣叹。

难求千秋万岁名，金榜有我亦展颜。

择校须慎，哈工哈理难辨。早定终身，万事莫待考研。

千日只为分别，此去沧海桑田。百年修得同考，此情永在心间。今日灰不溜秋，他年各有惊艳。惊艳切勿显摆，记得当年惨淡。

吊南京大屠杀受难同胞赋

丁丑之年，兵戈之相，日寇张狂，来自海上。
卢沟晓月凄凉，外滩血色苍茫。
敌有铁火坚钢，我徒血肉相扛。
虎贲之师尽于淞沪，机械之旅毁于城防。
虽有张睢阳死城之志，奈何阎应元力屈苍凉。

集此八万残兵，倚此钟山大江，虽曰龙盘虎踞，实曰余勇难长。
东瀛强虏十又五万，绕江阴，逼建康，海空地面敌焰嚣张。
雨花台炮火如雨，光华门日月无光，紫金山黯然失紫，当涂北已不可当。
敌虽步步死伤，我亦累尸过墙。中华门城塌垣陷，南京城失却金汤。

军命何以参差，前后相违乖张，朝曰与城存亡，夕则撤退仓皇。

将军弃其兵卒，兵卒弃其刀枪，良将阵前战死，懦将贪生逃亡，乱哄哄聚集下关，胆惊惊觅舟江上。

既守城无力，当先为预防，既撤退狼狈，更疏散无章。遂使徒手赤子，受困三丈城墙，不得有寸铁之凭，赤条条受日寇杀戕。

五万铁甲入城，血雨腥风如荼；杀民如杀鸡犬，斩人如斩草木。

虽含乳稚子，不能免于刀锋穿肚。虽龙钟老翁，不能免于乱枪杀戮。

搜城觅巷，见人则屠；进屋破门，见女则辱。

凡手有茧，跪地受戮；凡头无发，捆杀于树。

安全区域，设立仓促；提人杀人，肆意出入。

拉贝日记，洋人留书，所见所历，尸积如堵。

汉中门、煤炭港、慈幼院、放生寺、草鞋峡，机枪扫射，铅丝捆缚，哀哉我扬子大江，千年流不尽血如注。

井敏明、野田毅，斩人计数；十六师团，柳川平助，血腥烧杀一路；谷寿兽夫，松井石根，朝香亲王，纵容屠城，生性残酷。

国际红会，掩尸四万三千余具；南京红会，收尸两万两千余具。

崇善堂，收埋一万一千余具；同善堂，封坟七千余具。

鸡鹅巷，葬回民四百余具。

湖南木商，出资收骸，两万八千七百余具。

其余零星，岂能胜数。故老犹在，伤痕不去。

秦淮河风流，刀光洗去；夫子庙风雅，遍地血污。

六朝之遗留，洪武之经营，民国之建设，一旦扫荡无余，图书文卷，盗走八十八万余部。

呜呼，我南京军民何辜，坐守孤城，手无寸铁，受此惨烈之诛！

或举白旗不免于死，或嗷嗷求饶不免于屠，或连杀一巷，或死绝阖户，天阴湿湿，犹闻鬼哭。

嗟乎，我中华上国，有秦皇汉武，有唐宗宋祖，贼寇犯我，虽远必诛，万国来朝，上贡献物，奈何一旦羸弱，俯首受此岛夷屠辱。

遂使班超蒙羞，岳飞含怒，遂使霍去病英魂不安，薛仁贵神明难驻。

忆我盛唐，国力有余，刘仁轨歼倭白江口，王玄策单兵灭天竺，到后来，倒是一物不如一物。

三十万难民同城死，此恨汹涌岂能足，君不闻春秋有大义，仇虽九世犹可复。

人皆曰和平，人皆曰友邻。和平岂是囊中物，友邻岂是受欺凌。但得兵强科技兴，虽曰不战，战力有余；虽曰和平，亦能核平。

值此宇内繁荣日，祭我南京死难民，呜呼魂魄来受享，千秋万代承和平。

太史刘　乙未年公历十二月十三日

古文版《故都的秋》

秋于天下，无不宜也。然其在北，其胜何在？郁子曰：『乃清也，静也，哀也。』

吾自南逾杭、逾青岛，千里赴旧京者，欲知秋韵也。

夫江南岂无秋乎？草木摇落也迟迟，氤氲粘湿，云霄寡淡，盛雨少风。

置身姑苏沪杭，厦门穗港，混沌哉，清凉哉，秋为何物，不足所求。

秋之为物，非花非酒，半开半醉，皆所不宜。

不逢北秋，十余载矣。择南而居，辄思陶然亭芦花、钓鱼台柳影、西山虫唱、玉泉夜月、潭柘钟声。

居故都，或杜门，赁屋一椽，晨兴品茗，仰则秋霄高碧，闻驯鸽振羽；俯则日影如梳，自槐叶间溢。

或于残壁，静观牵牛，若喇叭然，其色也蓝，秋在其中。

牵牛花者，蓝白为佳，次则紫黑，次则浅红。陪以纤草，妙哉妙哉。

北方有槐，可助秋色。其有落蕊，似花非花。

足履践之，微细而柔。清道过后，尘留帚迹。
目触而闲，情触而寂。一叶知秋，无过于斯。
秋蝉鸣残，遍乎城郭。故都皆木，屋庐皆低。何处无蝉，南则罕闻。蝉之于北，其家畜乎。
秋雨在北，胜于江南。其所胜者，奇也，韵也，足也。
天也沉沉，凉风其来。淅沥而雨，云卷而西。移时天霁，天日复见。
青布单衣，夹袄闲人，衔彼烟管，桥头树下。逢一友者，迟迟而言。
嗟乎天凉，层雨层寒。北人言阵，若如音。平平仄仄，歧韵生妙。
北方多枣，遍生闾里，壁上灶旁，目无不及。
其实，似橄榄，又似鸽卵。其叶细而椭，其中若见浅浅绿黄，秋盛矣。
枣叶落尽，枣实皆赤，风起西北矣，沙尘覆矣。
唯枣、柿、葡萄，熟七八分，月在七八，清秋也，一岁中，无盛乎此。
有议者曰：『中国文士，好悲秋之辞，何其颓然。他国骚人，何尝不然？』
若英法德，睹其为文，皆见悲秋。且其精华，多为吟秋。
足见有情众生，于秋有深感焉。至于南冠之囚，于秋亦不能自已。故吾国之文章，有『秋士』之说。

秋之于情，岂因国而异乎？岂因人而异乎？

欧阳子、苏学士，皆长于咏秋也。秋之韵，非北方不足以称其量焉。

秋于南方，亦有其妙。廿四桥明月，钱塘秋潮，普陀凉雾，荔枝湾残荷，然其色，其韵，皆浅。

方之北方，若黄酒较白干，粥饭较馍馍，鲈鱼较大蟹，黄犬较骆驼。

北方秋色，可少驻乎？郁子欲折寿之三分二，易此三分一零头。

郁达夫志 民国二十三年秋八月于故都北平

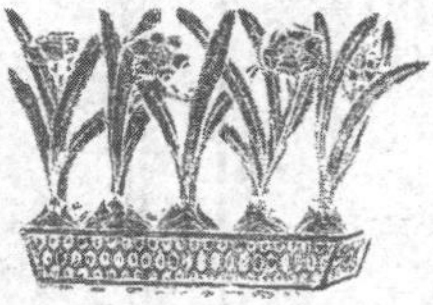

人到中年赋

某日剪发，发匠忽曰：君头上之发，稍稀矣，颅顶尤甚。

某日剪发，发匠忽曰：君头上之发，稍稀矣，颅顶尤甚。

予闻言而惊，举镜自览，霜雪隐见，昔日葱翠，颇见凋零，骚年何处？徒使人愁。

太史刘乃为歌云：

少年心事犹在怀，忽然沧桑滚滚来。
昨夜青丝镜中见，今朝但睹鬓微白。
岁月恰似头上发，丝丝凋落分叉开。
娇妻总忧容颜老，一日问我千复百。
血色可好腰细否，担心色斑忧眼袋。
我观手机无心答，唯说青春今犹在。

腰肢虽肥又何妨，多点脂肪我最爱。
君不见彼中年妇，减肥减得人歇菜。
瘦身赚来骷髅架，曼玉憔悴宽裤带。
皱纹须得肥肉补，人人都喜李英爱。
也曾叹恨欢夜短，如今难眠长等待。
也曾痛饮通宵酒，如今三杯胃难耐。
闲来最爱坐马桶，抽烟沉思情豪迈。
路逢后生呼兄弟，后生笑我蜀黍怪。
朝识新友问尊名，暮忘贵姓自惊骇。
K房只识哼旧曲，吻别小芳决堤海。
嘉欣黄花发哥老，男神女神今何在？
当年追女花样多，如今看妻常发呆。
偶逢老友问消息，惊闻离婚何其快。

同学中年或富贵，再聚已是很见外。
忽说今岁股市好，半生积蓄仓满载。
平日稳重成浮云，期盼一夜高富帅。
淞沪炒成保卫战，多空混战将我宰。
一身壮肉惜不得，欲上高楼长队排。

夜深静坐思己过，皆因贪念乱胸怀。
虽说天命太渺茫，克己复礼是常态。
长保健康是王道，少食肉荤多瓜菜。
上有高堂下儿女，我在家在幸福在。
对待上级莫逢迎，人品岂可随便卖。
妖僧大师少接触，天命自有我担待。
后生落魄君莫笑，早年我亦不痛快。
对待小人何用忍，人善人欺不足怪。
退步何曾海天阔，前行方得好运来。

功名并非身外物，适当拥有好交代。
万事休言轻放弃，放手未必是看开。
男人四十正当时，舍我其谁须纵才。

灭灯男传

昨日之贫，未必非也；今日之富，未必是也。人生之灯，备于我心，何为外求？

郑钢者，东南人也，乙丑年生。家贫，生计仰于母，母多疾，然不言，犹力作。郑生志之，窃曰：吾欲富贵，以报吾母。

甲申年，郑生以优等入南京大学堂，习理工。其为学，能自苦，朝夕读书不辍。某夕不归，诸生遍寻，乃见其晕厥于校室，犹执书卷，众负之归。

故学而优，保为硕士，然郑生贫，弃之而长叹曰：『吾岂不好学，惜哉贫也，吾母病也，不得谋富贵乎？』

郑生弃本业，谋生，初为售楼，冠东南，亦不能多金，复操金融，昼夜不得闲，苦甚。自谋曰：『吾欲得贤妻。』

乃登非诚勿扰，面二十四女子，曰：『吾有志，欲以富贵奉吾母，养吾妻。』又曰：『吾欲得摘诸贝尔，欲得为巴菲特。』

其言多谬，其形青涩，诸女子不甚尔尔，无以青眼相加者。

或哂曰：『妾所欲男子，长八尺，尔身长不若乐公子，惜哉。』

或嗤曰：『尔一时欲奉母，一时欲富贵，一时欲有为，君何其谬！』

或轻曰：『学而优男，多痴。』

或笑曰：『尔为理工男，何好游戏也？』

乐公子、孟公子曰：『片刻间，君言富贵十有一次，以富贵为怀，误哉。』

二十四灯皆灭，郑生铩羽归。

乙未年，公历六月，忽传曰：郑生富贵矣，身价过亿。好事者曰：昔日二十四女子，或泣晕更衣室矣。

郑生富贵，不忘其本，以千万金为南京大学堂筑楼，以其名命之。筑楼处，乃郑生旧时读书闷绝处。

太史刘曰：

郑生若不富贵，则今日寂寂矣，非诚勿扰旧事，亦不过寂寂尔。一时富贵，旧事乃闻，故功名富贵岂可忽哉，或戏言非诚勿扰，乃非钱勿扰，有哉！

然亦不可以灭灯事非二十四女子，人之惧贫，乃天性也，责他人与吾共贫贱，非人情也。

嗟哉，昨日之贫，未必非也；今日之富，未必是也。虽亮灯相许，诚可感恩；然灭灯不许，亦足感恩。

人生之灯，备于我心，何为外求？

母亲节小赋

慈母不在神坛，慈母只在人间。
慈母无须供奉，慈母只需陪伴。

天下人，可痛惜者，孝母尽于作秀场；
世间事，可痛哭者，敬母皆在朋友圈。

虚拟鲜花千朵，岂比当下几缕笑容。
推送美文百篇，不如眼前半句暖言。

谁言她是小清新，绣得身上衣，解得微积分，俨然大师一枚。
谁言她是柔妇人，夺得打折货，抢得学位房，分明虎将一员。

精忠报国，骨肉背上刻大字，不狠心岳飞何以成英雄？
辗转三迁，孩儿眼中立榜样，不折腾孟轲哪里成圣贤？

母亲者，天下至狠至强，拳头立马，肩头挡刀，有君王之霸气，将军之杀气。

老妈乎，史上最坚最忍，前面撸袖，后面抹泪，有赵云之虎胆，勾践之苦胆。

慈母不在神坛，慈母只在人间。

慈母无须供奉，慈母只需陪伴。

能陪老娘唠叨，强过人前晒图。

能听亲妈啰嗦，胜似圈中点赞。

孝母先尊女性，女性能有地位，慈母方有尊严。

古今不明此理，纷纷口水虚文，孝道只是枉然。

南京大屠杀祭二〇一六版

丁丑之年，寇自海上来，金陵齑粉，钟山崩颓，三十万性命一时饲犬戎刀锋，诚百年来至惨至痛之事也，乃祭曰：

东南形胜，六朝风流，龙盘虎踞，天下之枢。
十年经营，堪称黄金岁月；一朝屠戮，顿成白骨地狱。
阵前碎裂，铁甲尽丧闸北；炉中熔灭，壮士多死淞沪。
虎贲余勇，滚滚大江虚设；残军无凭，岌岌雨花失据。
虽伤敌三万，奈何兵锋难继；虽浴血十里，惜乎辎重不续。
将失其卒，卒失其将，兵失其刃，刃失其锋，懵然不闻君命，仓皇唯知争渡。
争渡，争渡，舟中断指可掬；奔命，奔命，江上哀号无数。
猛士徒然身死，指挥朝不知夕；赤子猝然命丧，辗转手不顾足。

遂有狼子五万，铁车数百，入徒手之城，犯无防之域。铁甲岂辨良贱，逢户则碾；兵刃不分僧俗，遇人则屠。稚子尚属黄口，投掷遭刺；白发已然木僵，羁缚受戮。汉中门机枪扫射，尽为发肤之民；草鞋峡铁丝牵连，皆是血肉之躯。遂使姐妹受辱，兄弟遭残，灭则连巷，死则阖户。乌衣巷文采，只付血污；秦淮河风流，但闻鬼哭。

虽佛陀之慈悲，难遏修罗之嗜杀；虽耶稣之宽恕，无阻魔鬼之淫欲。岂容雌黄染污青史，幸有拉贝日记，教父留图，当时炼狱，历历在目。有名有姓，十六师团，柳川平助；有图有文，松井石根，谷寿兽夫。

呜呼，天生蒸民，或寿或夭；地载群氓，或贫或富。皆欲自然其性，安死户牖，贫者忍其贫，富者乐其富，但得太平无事，兵刀不遇。

奈何兵从东瀛来，碎此太平之境，坏此繁华之域，寿夭皆不得善终，贫富皆不得安堵。

哀哀金陵先民，膏血日寇锋镝，至今怨恨不休，天阴犹闻簌簌。

今莫轻言国耻，国耻乃在东瀛，军人杀民杀俘，进化不如牲畜。

但告死难同胞，魂兮归来受享，祭灵非唯涕泗，强国则为当务。国安则魂安，民助则神助。

丙申冬公历十二月十三日　太史刘祭

古文版《从百草园到三味书屋》

吾家有弊园，名曰百草，并宅易主朱氏，暌违七八载，虽不过荒莽，然亦吾总角时盘桓所在。有青碧蔬畦，溜澄井栏，凌云皂荚，殷红桑实；有鸣蝉在木，硕蜂隐菜；又有叫天子拔乎草莱而冲霄汉。然吾乐所在，短垣泥壁也。

斯处有油蛉浅吟，促织鼓瑟。覆砖见蜈蚣斑蝥，按脊有声，窍穴升云。何首乌缠绵木莲藤，木莲有实，状如莲房；何首乌若似人，或曰食之羽化，吾慕仙道，牵连损壁，不见神仙。若不畏刺，可采覆盆子，其实若珊瑚，酸而美，胜乎桑实。

长草伏蛇，人曰赤练。有婢母长妈妈曰：昔有书生，用功兰若。暮闻相唤，见墙头佳人，笑而隐去，书生思而得意。逢老僧，老僧曰：君遇蛇妖，人首蛇体，呼名若答，晚食尔肉。书生惊惧，老僧赠一小函，嘱置枕畔。

夜，妖物来，风雨飒飒，书生惴惴。俄而，有金光自函中发，倏忽声寂，金光返函。老僧曰：此光曰飞蜈蚣，能杀妖物，吸其脑髓。

诫曰：有声相呼，切莫妄答。

呜呼，人生多祸。夏夜纳凉，低眉不敢窥墙，又思老僧神器不得，然亦不逢蛇妖。唤吾者多矣，皆非蛇妖。

冬日无趣，然雪可造趣。塑雪人非所宜，以罕人迹也。所宜者捕禽。雪覆两日，飞禽饥馁。裸地撑筛，撒谷诱禽，鸟至则筛覆。禽中麻雀居多，有张飞鸟，白颊性躁，朝捕夕死。

此法闰土父所授，然吾不得其妙，视禽入笼，捕之则渺，猎获寥寥。闰土父一朝可擒数十，鸣撞乎囊中，吾问其道，则笑曰：公子性急。

然，良辰美景不久，南面之乐有限，或以吾之顽劣，隳壁损邻，跃栏掷砖，诸恶不一而足，家中送吾入学，吾惑不能解。悲莫悲兮别离，长别矣，吾友促织，吾友覆盆与木莲。

先生设帐，园门之东，不过半里，过石桥，见黑油竹扉。入，第三乃书屋，匾曰：三味书屋。匾下有图，绘肥鹿伏古树。行礼匾鹿，如拜孔子，次则行师礼。先生温蔼，身长而矍，戴眼镜，博学方正君子也，吾甚礼之。

吾好杂学，闻东方朔识虫曰怪哉，冤气所结，浇酒而化。吾欲详悉，然婢母不知，问先生，先生怒曰：『不知。』

杂览神怪，非弟子所宜也，先生非不知也，乃不欲语于我也。凡长辈，多如是。

乃埋首用功，习字对课，先生初甚苛怒，数日，怒乃解，授课渐益。

书屋有后园，虽狭仄，然可折梅寻蝉蜕，或擒蝇饲蚁，寂寂而已。然耽乐过久，则闻先生呼：『弟子何在？』

弟子鱼贯而列，先生执戒尺，虽肃杀，然慈和长者也，不过呼曰：『读书。』

弟子读书鼎沸，或曰：『仁远乎哉？我欲仁，斯仁至矣。』或曰：『笑人齿缺，曰狗窦大开』，或曰：『上九，潜龙勿用』，或曰：『厥土：下上、上错。厥贡：苞茅、橘柚』。

先生好读书，弟子鼎沸际，乃捧卷长吟，声盖书屋，弟子渐寂，闻其慷慨曰：『铁如意，指挥倜傥，一座皆惊呢；金叵罗，颠倒淋漓噫，千杯未醉嗬……』至意酣处，颔笑，摇首后仰，至于不可仰。吾闻之，以为天下至文也。

先生陶然忘我，于弟子甚便。或纸甲蒙指而为优伶剧。吾则好画，以荆川纸蒙绣像，惜哉所学不成，蒙画则多，居然成章，曰《荡寇志》，曰《西游记》，积而成簿。后以家贫，售与同窗，其父小富，或已为缙绅乎？吾所画则渺茫矣。

英国脱欧记

不列颠脱欧之事，可晓谕世人：朋友之交，宁失之少，莫失之滥。

天下大势，分久必合，合久必分。丙申岁五月二十，未时，傲娇帝国大不列颠及北爱，与欧陆绝，天下皆惊，英镑凄惨，国相黯然，卡梅伦辞。

忆二战之余，有丘吉尔者，视欧陆若草芥，然日久，睹欧陆兴盛，孤岛萧条，丘公不平，乃曰：吾欲与欧陆一体，可益众生，岂不美哉？

欧陆诸侯闻，曰：美哉，美哉！乃集而议其事，数年，乃有煤钢之盟，经济共盟。诸侯大喜，以手招不列颠曰：『君其来乎？吾待君矣。』

不列颠隔海笑曰：『前之言戏尔。』

又四年，不列颠贫矣，远眺隔岸，诸公富贵，城邑繁华，户户优裕，乃低眉递书曰：『吾欲入欧陆，乞诸君怜我。』欧陆怜不列颠之贫，欲许之，有豪杰戴高乐者，与不列颠不相能，曰：『君与美利坚同枕，今欲入吾宅，贼心叵测也。』不列颠遂不得入门庭。

明年，不列颠再递书，曰：『吾与君相好，此心可表于天。』戴高乐哂笑，复拒。

后，戴高乐逊位，不列颠得间，乃入欧陆之盟。

然，岁月往矣，岁云暮矣，巴以开衅，石油削价，欧陆贫矣。不列颠悔曰：『自妾嫁欧陆，富贵不可期，朝夕食糟糠，守此贫寒郎，非妾之志也。』乃腾嚣不已，曰：『吾不乐为欧民，欲公投。』

乙卯年，公投，留欧者众。

然，时涨时退海峡水，时反时覆英婊心。相国柴夫人，素不以欧盟为事，访布鲁塞尔，甚无礼，曰：『吾国不欲布鲁塞尔指麾欧洲。』诸侯闻言而惊。

时欧陆欲一其币，曰欧元，不列颠笑曰：『彼欧元何物也，吾唯知有英镑。』

布莱尔为国相，某日朝，奏曰：『吾国可用欧元，此其时也。』户部尚书布朗曰：『否。』乃不得用欧元。布莱尔悻悻。

欧盟诸侯不悦，相语曰：『彼不列颠者，反复竖子尔，不以我为好，轻我，既如此，不如早日与君绝。』

近岁，大俄分崩，东欧乌有，四方多事，其民流离四方，多往欧盟，有盗出入，又生非常。欧陆朝夕惊扰，不列颠大惧，乃布告曰：『劝君莫往英伦岛，除却阴雨就是草。』

又怨曰：『朋自远方来，吾实不能喜，推高吾房价，横夺我福利。朝夕为盗贼，觊觎我娇妻』。然欧盟一体也，各国无疆界，移民可之法德，亦可之英吉利，况有隧道。车夫朝发欧陆，暮返英伦，车尾皆悬移民。

国相卡梅伦不能抚众，乃曰：『诸君欲脱欧，可公投。』言既出，群雄竞起，至有不可收拾之势。卡相恚曰：『吾以为脱欧事，易与耳，孰料狼藉如此，呜呼！』

脱欧者曰：『欧盟不可留，留之揩我油。日付五千万，荷包付东流。移民过江鲫，邻里皆东欧。君不见二十八国乱纷纷，每到议事费筹谋。欧盟不可留，留之多忧愁。』

留欧者曰：『欧盟大可留，留之可镇楼。虽曰有岁币，然亦多回流。君莫嫌移民，做事分我忧。岂无房屋坏，岂无水管漏，赖此朋友来，可葺可补修。君若脱欧去，对岸即漫游。英镑最无辜，瞬间矮一头。尚有苏格兰，以及北爱州。效尔脱欧盟，亦从英伦脱。』

脱欧勃然兴，朝廷惊惧，乃访贤者，曰霍金，曰碧咸，曰辣妹，曰罗琳夫人。朝廷曰：『诸君及夫人，若附朝廷留欧议，则共富贵。』群贤曰：『诺。』

美利坚人滑稽，以欧曲戏曰：『英伦小子多滑头，为脱欧盟强说愁。他人皆是吸血鬼，他人总是揩我油。嫌他波兰太抑郁，又说葡萄热如锅。此事其实多无妨，欧盟虽敝尚可留。』

德意志国主默夫人，且怒且恨，曰：『英伦竖子反复，吾与法兰西惨淡经营，方有欧盟今日，一旦弃之。呜呼！三十功名尘与土，八千里无云和月。他日奥地利、葡萄牙、波兰诸国效之，欧盟死矣。』

公投日，天下屏息待之，欧冠杯一时黯然，公历五月二十，公投见世，脱欧。英镑挫锋，兑美元降逾一成，黄金势扬，或有大反弹。吾国币对美刀，贬值之虞稍息，可得歇肩半日。

欧盟或有黍离之悲，英伦去，朝云散，怅望大西洋，欧盟或散，欧元浮云，故国不堪回首月明中，问君能有几多愁，恰似多瑙河水向东流。

不列颠脱欧之事，可晓谕世人：朋友之交，宁失之少，莫失之滥。同床之事，不可苟且，须得门当户对，须得郎有情妾有意。不然，呼啦啦似大厦倾，一片白茫茫大地真干净。

雾霾传

破城中霾或易，破心中霾则难。

雾霾侯者，不知其父母，不知其国邦，不知其男女，不知其所自。天庭无其星位，凡间无其席位，然天下皆知，老幼皆晓，强弱皆畏，南北皆在。

以大英帝国之强，跨山超海，寰宇不见日落，宇内但称最强。一旦与雾霾侯相临，不过俯首而已。君不见英帝朝灭印度，雾霾夕陷伦敦；英帝昨败大清，雾霾今屠牛津；英帝彼时削美洲，雾霾此时戮剑桥。

呜呼！大英能灭寰宇，雾霾能灭大英。

于是朝野震悚，君臣痛誓，曰：不灭雾霾，无以为国。毕五十年之心血，收其功在一旦，乃复见青天，再临清波，海晏河清，国以此治。

雾霾侯乃收师西去，盘旋美利坚，墨西哥，兵锋再起，山河沦陷，芝加哥愁云惨淡，底特律雾失楼台，虽有利炮千百，不过摆设；虽有航母成列，无非彷徨。

既肆意，又于云端见东土神州，富贵之地，温柔之乡，乃长笑曰：『此诚吾纵横得志之地也。』乃麾师东来，浩浩汤汤若决堤之江，混混沌沌若无涯之海，日月惴恐，山岳惊惧，下燕京而陷冀鲁，践深沪而夷苏杭。

大军所过，良贱皆屠；旌旗所指，贤愚尽灭。锦衣玉食之辈，亦不得免；贩夫走卒之徒，岂能获全。其所持者，非枪非炮，非车非矢，无有前线后方，无有左翼右侧，弥漫而来，笼盖四野，不辨主力何在，难识前锋所处，攻城则汹涌不可挡，肉搏则贴身不可拒。颗粒入肺，无辨公子王孙之贵；毒尘侵心，岂惧伯侯将相之尊。

朝出门兮若死别，暮下班兮若登仙。于是京师之民，冀北之人，齐鲁之地，每有出行，无论远近，皆盔甲重重，遮鼻护口，如临大敌，若临生死，甲胄不离，不欲徒然受戮。

或有歌曰：

古有护口兮，我居此兮贼居彼；少有护口兮，我居此兮针居彼；昔有护口兮，我居此兮疫居彼；今有护口兮，我居此兮霾居彼。

初，有竖子曰：『霾者，不过天地所生，自然所聚，尔等庸人自扰耳。』

天下皆欲食其肉。

有识者曰：『呜呼，人之作伪久矣，焚煤烧油，经营出产，本民生所需也，不得已而为之。然当有所节制，节制何在？乃在表奏数据，其数曰污染若干，泄尘若干，不得逾限，然不过虚报也。天下南北，城市乡野，窃排私泄，不在数内者，往往皆是，黎庶不知，有司懵懂，霾尘嚣张，故有此祸。』

霾何以起，此言或得之。

太史刘曰：

破城中霾或易，破心中霾则难。英格兰破霾，君臣执手，上下相和，毕五十年之功；神州破霾，当齐人心，和南北，顺怨戾，畅淤恨，以无霾之心破有霾之祸，则可得也，勉哉，勉哉！

特朗普、希拉里竞选传

庶民所属意者：平等也，而非自由。

希拉里，美利坚第一夫人也，己亥岁生芝加哥，富贾门第。

希氏好律令吏治，己酉岁，入雅礼大学堂，修律令，逢克林顿，希氏曰：『此妾之奇男子也。』

希氏辅翼克帝，自州郡刺史至于国主，然克帝有逸心，乃幸才人阿莱，殿中行淫，皆凤衔龙尾之事。

无何，事发，希氏怒，以书简掷之，中帝首，血溅龙寝，帝匍匐走，眠外殿数月。

然为大计，希氏涵忍而已。

庚辰岁，克帝禅位，希氏始入群贤会。戊子年，黑马登基，拜希氏为卿相，数年行百一十二国，

四百日飞行虚空，勤于国事。

乙未岁，希氏曰：『吾明岁欲主白宫。』克帝曰：『吾为贤夫，辅成其事。』乃为驴党所举。

上天好事，又生一豪杰与之逐鹿。

特朗普，纽约人，长希拉里一岁，性任侠，好财货与女子，好大言，曰：『凡天下有楼台处，必

有吾之大名。』时人不之许也。

然其多智，屡臆则中。见纽约枢纽之地，有驿站残破，特公曰：『此楼虽旧，然可为也。』乃斥重金购，半年，化为神奇，但见楼宇巍峨，廊腰缦回，俨若宫阙，额书『凯悦』。王侯富贾趋之若鹜，至今熙熙。特公乃巨富，闻于天下。

既富，又不谦抑，好名，凡立楼台大厦，皆书其名，寰宇周遍。

特公身长大，面阔口方，虽貌非潘安，然心似西门，好美妇人，易妻者三，皆娇妍俏娃，色衰则弃，育子女五。左右或谏曰：『特公英雄也，然好色，以此损清望，可抑敛。』特公笑曰：『不好色，岂能为特公？』

特公亦有落魄时，尝蹶于房产，身不名文，每餐，不过十文，然若无事者。闭户著书，付梓，居然洛阳纸贵，求者盈途。特公复起，数年再富。又好登高作秀，为优伶之事，人或笑其鄙陋，曰：『特公欲为戏子乎？』特公曰：『非如此，吾不得闻于天下。』

既闻名天下，乃有问鼎志，为象党所举，遂与希拉里逐竞大位。普京闻，曰：『嗟乎，特公人杰也。』特公亦曰：『普帝，英雄哉。』

特公狂人也，言皆鄙俗，大不敬于妇人，尝谓女主持曰：『汝之经血四溢。』又谓女议员曰：『尔貌丑如斯，岂得与吾言？』

美利坚自克帝禅位，沉沦不起，凡货殖往贸，皆出多于入，彼岸有国崛起，渐复汉唐之相，黑帝辗转不寐。

又用兵不已，跨海征大漠，兵锋渐钝。虽无越南之折戟，然亦不得肆意于大马士革。内有萧墙之虞，四海之民，往投新大陆，虽熙熙然有人气之众，然或非我族类，欲蠢蠢然有不逞之举。内外忧患也。民皆忧，曰：『俟有贤能，兴我国邦。』

特公乃振臂曰：『霜露所均，不育异类。今日吾国之乱，莫过于边疆不慎，任由出入，遂使五胡得意，狼突寰宇。他年我若为美帝，凡包藏祸心者，不得入吾境。可乎？』

民多曰：『可矣。』群情振奋，举臂欲从，一时席卷，气吞万里。

语多激越，或悖大义，然民好之。

乃与希氏战于龙野。

首战，两相逢。

主持问：『今日国中，万民嗷嗷，君有富之之策乎？』

希氏曰：『吾若登基，将设一署，理阴阳，调贫富，顺贸易，均机会，必使苍生富庶。』

特公哂笑，曰：『汝所谓富庶之策，空言尔。君不见花旗五十州，千村万落生荆杞，纵使吾民能勤奋，岂敌他邦倾销，工务外流？呜呼，尔等误国大矣。』

特公好色，某夕，窃言于左右曰：『吾于女子，未尝不能得，虽良家妇，移时则与吾共云雨。』此语泄，天下大哗，曰：『特朗普，登徒子也。』特公谢罪曰：『吾不过逞口舌也，而吾之所长，在国事。』顾左右而言他。

然希氏亦不得清，其为卿相时，凡书公函，不在宫中府中，居然以私函处置。维基发其事，希氏有女主簿，其夫以淫论罪，美利坚按察司察其事，居然见其中有希氏公函，三万余封，函中皆禁中语，军国秘事。

事至御史，御史彷徨，民或曰：『希氏死矣，泄禁中语。』然御史乃告于天下：『不问。』再战。

希氏曰：『嗟哉，特公乃登徒子也。』

特公笑曰：『吾淫，不过言语，尔夫则实有淫行。』

希氏曰：『尔为尔，吾为吾。』

特公曰：『汝泄禁中语，吾若登基，当投汝囹圄。』

语来言去，一时若大珠小珠落玉盘，一时若铁马冰河入梦来，参差纷纭，错落缤纷，天地震慑，日月无光，然多涉私讳，难及大义。

好事者曰：『呜呼，希氏与特公，皆古稀长辈也，为争一职，奋战如此，吾等岂不发奋乎？』

特公有女，美艳无双，言若珠玉，寰宇众生为之颠倒，良为得力左右也。

丙申岁公历十一月八日，争锋紫禁之巅。

翌日，始拉锯五十州，但闻西风烈，战鼓擂，如今世界谁怕谁，但见一男一妇，长枪短戟，纵马驱阵，战于云端，大洲诸神观战，吃瓜兆民仰视。

君不见花旗国五十州，莽莽河山万里，荡荡乾坤千丈，自落基山至于阿巴拉契亚，自冰雪阿拉斯加至艳阳夏威夷，皆二龙驾云大战之所，但见千票万票，密集如矢，纷纷而来下，天为之无光，海为之掀波。一时曰彼胜，一时曰此胜。

初，希氏胜数州，然过辰时，始力怯。趋于午，多失州郡。至于午，力尽，坠云端，败去。

至未时，特公中的二百七十八矢，希氏中的二百四十二矢。特公中的过二百七十矢，天下皆知其胜。

特朗普之得志，尝有兆。吾国歌姬蔡依林尝曰：DT in the house.

有女尚书曰：『妾若在，特朗普不能得志。然，女尚书昨岁死矣。』

又有神股曰：『川大智胜。』

亦有带鱼侯曰：『特公若胜，吾食土。』

太史刘曰：

特公执鼎，或曰：庶民之胜利乎？自寰宇衰颓，万民哀哀，富者有余，不足者填沟壑，乃至有豪杰崛起，变于瞬息。庶民所属意者：平等也，而非自由。特公之起，祸乎？福乎？

各国之政，吾不得妄言，然观彼选战，于君子恭让之风则稍不如。

凡君子之争，可攻其明，不可攻其私；可言其不足，不可言其不便。虽仇寇对阵，然不失揖让之礼，此西周文武、英格兰之以礼治国也。今以闺中私事言于兆亿人之中，庙堂之上，污朽如斯，不忍卒睹，不忍卒闻。呜呼！礼已失，天下或逢二百年未有之大变局也，苍生祸福如何，不敢言。

二〇一六年记

愿君及我，朝朝吉祥，岁岁平安，收拾今岁之壮志，以冀明年之新局。

丙申岁冬，公历年末。菲后登临，天下倾耳。虽圣质如初，拥戴不衰；惜清音难再，玉容消减。世间事，大恨者莫过于美人迟暮，英雄势去。每回恩爱，无非孤独。我自多情，为君负累；嗟乎，菲后此行，凭吊而已。

岁云暮矣，有足凭吊者，亦多称幸者。

伤莫伤兮长相别，相别已有二十载。当时青葱年少，坟头荒草离离，人间换得昭雪，泉下又复何知？白发父母，梦里相逢。所幸者清白可还，所哀者此恨难移。

痛莫痛兮长相撕，相撕但伤师徒情。昔日耳提面命，今朝干戈相逐。巧舌能悦世人容颜，然不能回师徒之情；大度能容岁月风霜，然不能释芥蒂之嫌。名利一朝傍身，天下谁人可恋？

惨莫惨兮长相欺，相欺居然是娇妻。宝宝本是痴情男，容儿亦是多情女。奈何两情非一情，小宋得志老王哭。芳菲徒然伤凋零，神丹岂是池中物。夫妇之道损矣，此心不复如初。

恨莫恨兮长相违，相违总是在白宫。夫君尝为国主，妻欲整顿山河，惜哉路遇豪杰，大业顿时成空。闺蜜垂帘，青瓦台孤女遗恨；流民作孽，德意志老妇懵懂。

迟莫迟兮长相待，相待一尊小金人。不见李生久，痴狂真可哀；怀拥金奖日，雪地食肉生。春树年年辜负，歌者随风而逝。汪公不上头条，神女独步长城。潘金莲无力，屈于排片之手；王家卫不慎，溺于摆渡之人。

哀莫哀兮长相望，相望已隔生死地。谢公怜女，一笑已是梦中人；卜商哭子，则西无非雪上泥。君之出行多离奇，朝发门兮暮已死。贪生未必足羞愧，不使老母妻儿泣。

莫贪花街有酒，红人半夜等捞；莫笑老将无能，郎平十载得志；莫欺猛兽在笼，弱女一朝饲虎；莫信刷屏有道，裸泳几度随意。

当离则离，英吉利不留欧盟；当持则持，钢锯岭不忘同袍；当断则断，上海女不滞荒村；当弃则弃，东早社不恋纸报。

吾有洪荒之威，岂容野蛮之人；吾有洪荒之力，岂效葛优之躺。吾有明珠一颗，买卖老王随意；

吾有娇娃一枚，叱咤小马躺枪。曹德旺不遇，浮海伤玻璃之心；王健林忘言，率意损清高之望。

太史刘曰：

人生在世，或重于洪荒，或轻如蝼蚁。以蝼蚁之贱，谋食生存尚且费洪荒之力，岂能不珍惜，岂能不谨慎？愿君及我，朝朝吉祥，岁岁平安，收拾今岁之壮志，以冀明年之新局。幸甚，幸甚，歌以咏志。

迎二〇一七年书

君子何须多言，静好即是良岁。

卿卿二〇一七，翩跹降临如期，世间万般未必遂意，唯有岁月何曾负约。世人许我良多，亦负我良多；我许世人良多，亦负世人良多。你我相负，彼此不愧。

许我目标一亿，目标迟步在途；

许我楼台一栋，楼台高飙如飞；

许我友谊一生，友谊摇荡如舟；

许我天宇一片，天宇混沌如灰。

唯有岁月，年年不负，如期而归。

江南青草不负我，春来碧绿如约；头上白发不负我，暮来苍凉如雪。

大河两岸不负我，秋来稻花如醉；山间明月不负我，晚来清辉如媚。

青草白发，不曾许一字；稻花明月，不曾负一回。

唯其不相许，故其不相负；唯其不相期，故其不相违。

故岁月者，君子也，笃行也，诚不相欺，诚不相背。

不相许富贵荣华，但能所需不匮；

不相许甜言蜜语，但能默契相对。

不相许豪情壮志，但能承诺到位；

不相许路遇贵人，但能日暮而归。

不相许美酒豪宴，但能小醉回味；

不相许广厦高车，但能随心勿累。

二〇一七，卿卿不负我，我不负卿卿，我见君妩媚如许，君见我如许妩媚。

今迎新岁，乃迎君子，君子何须多言，静好即是良岁。

太史刘恭祝诸君元旦快乐，吉祥止止，福德绵绵。

张国荣传

哥哥死，众神皆老。
其死，或非死也，乃以坠解也，有乎哉。

张国荣，歌者也，伶人也，丙申年生于港，本名发宗，皆呼哥哥。姊弟有十，国荣最少。其父衣工也，尝为马龙·白兰度、希区柯克诸君裁衣，有显名。国荣欲承父业，十三岁赴英伦，学裁衣。十年，其父风疾，国荣返港。

国荣善歌，且有妙容，顾盼风致，玉树之姿，玑珠之才也，时人不之识。丁巳年，以歌拔萃，然无所成名。

入丽的，识毛氏女，滋情愫，某夕，忽曰：『嫁我乎？』毛氏惊而惧，未之允。然君子好逑未成，竟成牌友，如兄妹，国荣乃太息：『毛氏若得为我妇，吾一生岂可料？』

国荣尝穷极，某日于酒肆识糖生，有恨晚意。糖生金融才俊，富贵，赈国荣。

彼时之娱界，谭公之天下也，周发帝之天下也，国荣默默。

癸亥年，国荣兴，以《风继续吹》折娱界之桂，举港惊艳，始得与谭公逐鹿。

谭公一时之伯，叱咤伶界，登临寂寞，独孤求败。国荣兴，数年，与之伯仲间。

好事者乃各树帜，不归谭公，则归国荣，鸣鼓而攻，如敌国然。谭公、国荣临台，礼敬如宾客然。台下，众人则攘臂互殴，不两立。

国粉嗤云：『我张生玉树临风，佳公子也，彼谭生何如？其形陋，老皮垂垂，如鳄。』

谭粉大怒，以墨涂车，云：『张生患艾滋。』

逐鹿久之，戊辰年，逢颁奖，或问发帝：『今岁折桂者谁？』发帝滑稽，目谭公曰：『毋问，必谭公也。』哗然，谓有幕后上下手。

谭公不乐，颁奖毕，忽言：『吾与颁奖绝矣。』众皆唏嘘，责发帝。

国荣亦不乐。自谭公绝，国荣寂寞，高处嗟寒。明年，亦曰绝矣，往加国，栖数年。

国荣为歌，初闻，似不为然，苦不甚高，然细闻之，有穿云裂石之力，何哉？盖其音域豁然，如大河，能纳惊涛万千，故不觉其高也。

其于歌会，如骏马，如猎豹，疾走而歌，竟不失其准，如水平缓，无倾侧之危，高妙矣哉！

又听歌者万千，讴歌者不过国荣一人，然万千人皆谓：国荣为我个人歌也。盖有分身之神术乎？

其歌曰人生路，曰风继续吹，曰左右手，曰怪你过分美丽。浅吟低唱，风情蕴藉，如诉如慕，有幽人高士气象。

若谭公之曲，如春江花月，如富春江流，有富贵钟鼎气象。

二公伯仲，非偶然。

国荣又善伶，其名剧，曰《英雄本色》，饰少年捕快宋子杰，风流倜傥，有英雄气。曰《胭脂扣》，饰一富少，缠绵青楼，隔世情仇，有落寞气。曰《纵横四海》，饰飞贼，有飘逸气，一时发帝逊让。曰《倩女幽魂》，饰宁采臣，风采可掬，又不可及，有轻妙气。

尤足于道者，阿飞也。乱情浪子，寂冷幽人，其舞蹈镜前，自顾自影，自盼自身，自怜自艾，自赏自叹，又复无所羁，若无人者，旋踵间居然逍遥游气象，谓为经典，虽朝伟、发帝，不可逾也。

夫国荣之魅，非演技然，身气使然也。其在极热闹处，却得极冷清之态，眉目如画间，灵动万千，或不屑，或哂笑，或清高，或悠远，殆非人间物也，故其神远，人所不逮，非人工而然。

癸酉年，以虞姬闻天下，欧美皆知。

哥哥有忧幽之疾，苦不能去，针石巫医皆罔效，终生罹其患。

壬午年，疾发，形容瘦，发蓬蓬脱，意消沉。犹能演绎讴歌，人莫得知。

癸未年，公历四月一日，暮，国荣至中环，临风长叹：『吾一生存善，竟至于斯。』语毕，坠百尺楼，殒命。年四十六。

有女者淑芬，友也，候国荣于堂，久不至，出而觅，见国荣殒于街衢。

国荣死，天下哀，又复疑。

哀者，哀其死也，又怀其德也。国荣尝坎壈十年，不得志。故于后辈，多留意，力提携。

有词人不得志，落拓于港，彼时乃黄霑天下，凡人苦不得出，国荣曰：『君可为吾写歌也。』数年，词人得志，乃林夕也。

又厚于梅姐，梅姐恨嫁，私言于哥哥曰：『他年妾若不得嫁，君娶妾乎？』哥哥死，梅姐哭甚哀，是岁冬，梅姐亦死。

疑者，疑死由也。国荣临于人者，皆欢笑，无凄哀。文涛尝曰：『港星若有百人自殒，皆不至哥哥，哥哥达观人也。』故疑之。

李学士曰：『吾知哥哥死由，有隐疾也，其疾曰艾滋。』词甚诞。哥哥有姊，后数年，乃曰：『吾弟死忧幽之疾。非心疾也，乃生理之疾也，脑失阴阳之调，其疾不可遏，药石不可制，其死，必然也。』

天下始释疑。

初，哥哥之暹罗，欲叩白龙王，龙王曰：『吾不见此生。』或有兆乎？

悲乎，哥哥之坠，非一人之坠也，乃香港之坠也。

癸未年，以哥哥坠楼事为界，港伶皆自此衰矣。开放初，吾人皆以神仙视港星，有发帝，有秋倌，有雅芝，有星星，有谭公，有百祥，有艳芳，有红姑，有嘉欣，有奕迅，神之人兮列如麻。然自哥哥之没，风吹雨打去，港衰，港星亦衰，失天下娱界之先机。彼之伶人，非复神仙，乃佣工尔，适吾内陆，求一钵饭而已。若卫健，若少芬，若黎姿，寻常演员耳。

哥哥死，众神皆老。谭公守一妻一妾一子，垂垂暮矣。发帝所延，昔日余光。星星斑白，不复问矣。唯哥哥不老，每岁享食四月，祭者如云。其死，或非死也，乃以坠解也。有乎哉，哥哥不言，风继续吹。

邓丽君传

其音美，其曲妙，人人心中皆有一段情，而此情皆为丽君道尽。

邓丽君，邯郸大名人。其地古赵国，多歌姬丽人，婉转风韵，秦皇母即是。至丽君，遗风犹存。丽君父邓枢为行伍，尝战台儿庄，娶山东女赵氏。民国三十七年迁台，至云林，壬辰年元月生丽君，家无定所，迤逦至台东，至台北县。

丽君性长于歌咏，其音清越而甘。癸卯年，丽君十岁，歌黄梅调《访英台》，折桂。形亦清丽，脸圆目亮，可人也。

年十四，入乐籍。

年十五，遍台北娱坊，每升台，必盈座，数月皆如是。

年十八，遍行南洋五百日，遂人人皆知丽君，叹其讴歌婉妙，道尽人心温柔处，大得志于南洋。

其时，安南国南北交战，丽君至西贡，南北国主皆曰：『为丽君故，休战三日。』数十万军卒皆释干戈，争闻丽君曲。

丽君于马来识林公子，公子长丽君八岁，巨贾也。丽君每有歌会，林公子必掷千金揽前三排，厚施缠头。

丽君感林公子意，许之，邓母亦曰：『林公子，厚人也，吾女得所托。』

年二十一，始赴东瀛，歌《今宵明朝》。数年，夺东瀛歌咏冠，岛国民为之倾，皆曰：『不意中华有此女，虽李香兰莫如也。』丽君歌《何日君再来》，其韵胜香兰三分。

李香兰，东瀛歌姬也，尝在辽东，以《何日君再来》闻。

丽君东行，林少在南，朝暮不得聚，林少郁郁，竟死。丽君哭墓前，号泣三日，几绝。

后又识朱公子，知己也，朱公子福薄，飞东瀛，经安南，空难死，丽君黯然。

有老卒言于太史刘之长辈曰：其在台北，在香港，尝见丽君盛事，每逢丽君歌，街巷皆空，若得一票，欢喜不啻南面王。

丽君所歌，似女儿怀春、处子思情、怨妇泣下，极尽心中款曲。其音美，其曲妙，人人心中皆有一段情，而此情皆为丽君道尽。

如《在水一方》，痴男思女，君子彷徨。丽君歌之，闻者如在晚秋河洲，深深雾霭，迷离白霜，溯洄从之，皆不能得，一叹三咏，得诗三百之妙，闻之可泣。

丽君情事甚坎壈，林少、朱少皆死。戊午年，与秦祥林遇罗马。祥林先娶青霞，又娶萧芳芳，皆离异。见丽君，意倾之，携丽君见高堂。世皆曰丽君、祥林恋矣。

祥林甚喜，曰：『然，吾追丽君』。

好事者问丽君，丽君则曰：『有乎？妾不知也，罗马遇秦公子，偶然也，岂有他哉？』

祥林无趣，乃止。

己未年，丽君游洛杉矶，于海滩逢成龙，两相悦，遂恋。然朝夕处，不能睦。丽君曰：『妾与君，乃友也，岂得有姻缘？』成龙伤魂，自省曰：『吾爱自己，胜爱丽君。』后乃娶凤娇。丽君久恨嫁，成龙戏曰：『欲娶丽君，须与吾决战。』

自与成龙分，翌年，遇马来富公子郭少，两相得，自谓有所托也，订婚。郭公子祖母，甚重门第，曰：『邓氏歌姬也，欲入吾门，须绝旧日交游，绝旧日所为。』丽君怒，曰：『妾不能承此辱。』退婚。

丽君晚岁，少登娱场，多居港，有男友保罗，法籍摄影师，少其十五岁，其事多秘。

乙亥年，丽君游暹罗国，宿清迈。五月八日，忽肺疾发，其时无人，门闭不得出，乃死，年四十二。

其骸归台湾，欲葬军陵，有司不允，前兵部尚书谷将军曰：丽君，吾麾下也，乃校尉，可葬军陵。乃葬于斯。

丽君既死，天下思之，其曲益行，虽王菲、哥哥不能过之。陶喆、齐秦、周董皆歌丽君旧曲，每有盛日，乃虚拟丽君像，与之对咏，如在世然。

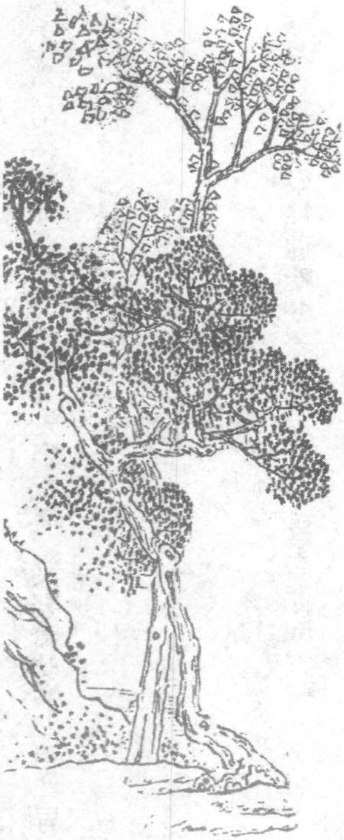

放开生育二孩赋

人在中年，我为独子。下幼上老，慈父寝疾。
床前服侍，工作是思。工作在手，病父是思。

人之天伦，父母姐弟。曰姊曰妹，曰兄曰弟。
父家叔姑，母家舅姨。有堂有表，分叶分枝。
幼相嬉戏，长相扶持。父母老病，照顾接力。
人多有力，教而有礼。有礼有力，繁荣不替。
我乃古国，五千年矣。衍百余代，基数不低。
新中国初，人逾五亿。马老游吴，心忧生计。
袁公年少，杂交未制。稻麦薄产，难以养息。

奄忽之际，人近十亿。乃为国策，生育节制。
倡生一胎，辅助奖励。多养猪羊，少生子稚。
少壮居多，抚育且稀。戮力工商，人口红利。
国之日兴，形势变易。杂交丰产，年产万亿。
温饱可继，人手难继。物力富余，人力稀奇。
昔之壮者，垂垂暮矣。今之幼孩，日见日稀。
偶逢失独，晚景凄凄。娇儿何在，望断长夕。
人在中年，我为独子。下幼上老，慈父寝疾。
床前服侍，工作是思。工作在手，病父是思。

两顾不得，又顾稚子。心肝摧断，忽思姊弟。
父曰无事，忍病强起。我亦忍去，父死不知。

人之众寡，须看比例。多一少壮，多一生机。
老龄社会，行迈迟迟。东瀛地铁，短信催子。
视彼欧洲，不乐生息。劳力是缺，外民乃移。
七〇诸辈，生力式微。不逢政策，惧越雷池。
乙未清秋，五中会议。忽降甘霖，放开二子。
今夜刷屏，唯有此事。四房一厅，家居常事。

网民滑稽，段子云集。该生不生，违法违纪。
虽曰戏言，亦有真知。当下不生，或忧晚矣。
生育计划，且须坚持。放开二胎，调节人气。
合理生育，邦民得利。且弃杜蕾，今夜努力。

古文版《何以笙箫默》

何以琛，姑苏人，翩翩少年，美姿容，多才，然家贫，求学长华。

夏日，读书树下，忽有路人摄影，视之，乃二八女子，虽非佳丽，然自娟秀，短发浅裙，笑语盈盈。

何生曰：『拍我何为？』女子曰：『吾拍风景，尔入我风景。』何生起，欲去，女子曰：『去又何为？』何生曰：『吾还尔风景。』

何生去，女子追不已，曰：『吾影像，欲送君，君可留名。』何生曰：『法学何以琛。』女子笑曰：『吾志之。』

又数日，何生行校园，有女子径直来，曰：『师兄，吾寻汝苦矣，终得见君。』何生视之，乃摄影女子也。

女子出一图，乃何生树下读书，甚佳，何生纳之，行。

女子随，曰：『还吾图。』何生曰：『尔欲与法学人论所有权乎？』女子语塞，然不去，曰：『吾为君摄影，得无酬乎？』何生不顾，女子无奈，曰：『不得以一餐酬吾乎？』何生不得已，乃共食，酬以糖醋排骨。

食时，女子目灼灼，视何生不已，又自报曰：『吾赵姓，名默笙，化学系，君不闻徐郎诗云，寂寥兮别离之笙箫，默默兮今晚之康桥，吾名取于是。』何生若无闻，起身去。

何生虽家贫，早孤，然有潘安之貌，玉山其姿，多得女郎盼顾。赵氏垂涎其色，复慕其才，寤寐思服，念不能已。

每日，如猎者之候走兽，似射者之候飞禽，嗅其踪，必往之。或候于校门，或值于校舍，或遇于林荫道，或见于图书馆，皆作偶遇状，逢之则曰：『吾非候汝，偶然也。』自恋恋不舍，如影随行。

何生冷待之，某日，斥曰：『随我，欲何为？』默笙无奈，曰：『何郎，尔愚乎，妾愚乎？君聪明如许，愚者乃妾。失败乎哉，妾追君如此，君竟不知。』

默笙之恋何生，长华皆知，亦皆鄙之，曰长华佳丽济济，默笙中人之姿，无望也。

然默笙有志，锲而不舍。何生乃长华辩论社名流，默笙不擅辩，然亦千百计入社，自甘佣仆，伺候前后。

有师姐徐静者，恋何以深，见此甚妒，训默笙曰：『汝恋何郎，然何氏小子，寒门也，欲出国游学而无资，将来前程奄奄，恋之何为？』

默笙对曰：『何郎虽穷，然不可量。汝虽富贵，父母所给，他日若困穷，亦未可知。』

何生闻其语，感焉。某日，执默笙手曰：『为吾女友，可乎？』默笙大惊，不自信。何生曰：『汝若三载后为我女友，吾何不先行其权。』

吻之，时长华日暮，夕照在墙，鸳鸯在池，梧桐有影，深浅画栏，归鸟啾啾，似为人鸣。二人遂好之。

默笙体弱，随何生疾走，不能及，何生戏曰：『默笙，尔行如斯之缓，当日竟以追及我，怪哉。』

缱绻年余。一日，忽有官府使者至，邀何以琛。至一府邸，繁华盛地，富贵逼人，仆从甚夥，中有一大人，何以琛视之，乃姑苏知府。

何生惊，不知所为。知府曰：『尔何生以琛乎？本官默笙之父也，知尔与吾女相好，要以见之，果然才俊。汝家贫，不配吾女。然默笙深恋汝，吾爱女心切，可助汝偕吾女往美，可乎？』

何生闻之，如触惊雷，忽又怒曰：『大人，汝不识吾，吾则知汝。』知府惊曰：『汝何知吾？』何生忿，拂袖去。

先是，何父为商，承建商厦。赵知府时为行长，贷金予何父，忽断其资。何父欠众人资，理论之际，坠楼死。

无何，赵父为知府，何以琛衔之，何母曰：『吾儿莫怒，赵氏恶人，终有报。』何母亦死，何生十岁，养于邻家。邻家有女，名以玫，稍稚，恋何生。

是日，以玫见默笙，曰：『吾与何郎，虽名兄妹，然无血缘，何郎爱我，甚于爱汝。』默笙闻，不安。何生暮归，默笙候于门，牵何生衣。何生不意默笙乃仇家女，怒而去，曰：『吾不欲见汝。』然一时怒尔，非本意。

某夕，默笙忽失所在，何生遍寻，皆渺茫。又数日，有人至，迁默笙之行李，问之，则曰：『默笙往美国，不复归矣。』

何生大失魂魄，浑浑然久之，摩挲默笙之书，自语。又摘默笙借书证之玉照，存于身。奄忽七年，何生为讼师，闻名东南矣，才俊复又富贵，女子慕之者众，然其似有所守，不近色，以玫数欲委身，不可得，黯然而已。乃表白，何生曰：『吾已遇人，她人不过将就，吾不欲将就。』如神之邈远不可及。

某日，何生偕以玫于市肆，忽逢默笙，如旧时貌，然多惨淡，发长及肩矣。二人哑然，何生怒，擦肩去，不顾，若不识。

默笙静立，凄然。以玫问曰：『默笙归乎？』默笙含泪，曰：『吾归矣。』

默笙归来，为《秀色》杂志摄影，忽陷官非。

事由如此：默笙所影像模特乃旧时同室，昔名少梅，今名萧筱。萧筱见默笙，甚恨，曰：『尔虚情假意如旧乎？』默笙不语。

萧筱欲默笙见何生，乃告《秀色》擅换摄影师，何生不欲接，萧筱诡笑曰：『君必接。』乃掷默笙名片于案，何生有所思，良久曰：『诺。』

默笙不知何生乃讼师。送材料于何生处，何生不见，谓侍者曰：『有赵女者，可使其候吾。』默笙候之，自朝至暮。咖啡一杯复一杯，时辰一刻复一刻，而帘外雨，一行复一行，贴于玻璃，如泪千缕。路灯昏然，草木生寒，隔窗而眺，伊人憔悴。

何生自车中隔雨遥望，且怒且怜，谓侍者曰：『尔可问其等人滋味如何？』又不忍，乃止之，曰：『可语彼女子，吾今不来，可留其资料，且去。』

默笙候人不至，冒雨去，其瘦影入凄迷风雨中，渐不见。

何生自见默笙，恍惚，遗皮夹市肆。市肆有保安得之，遍寻无所获，忽逢默笙，喜曰：『得矣。』谓默笙曰：『有君子遗皮夹于斯，中有汝照，可与之。』

乃与默笙，默笙见其照，惑焉，又惑焉，乃至何生处，何生不在。他日，何生得皮夹，其照失焉，乃见默笙，索其照，默笙曰：『此妾之照。』何生曰：『尔欲与讼师论物品归属乎？』如相识时语。

默笙低眉，良久，曰：『存妾照何为？』何生曰：『存之，悟早岁吾之愚也。』

何生行为大异，同僚怪之，窃曰：『何生者，冷静人也，今日何以不冷静如此？』或曰：『彼冷静之何生，此不冷静之何生。』

何生不能忘情默笙，一夕醉归，至默笙闺门，忽索吻，如不舍状，又凄然曰：『吾败矣，一败涂地矣。』又尝与友人饮，忽逢默笙摄影，乃邀之入席。席中有识之者，曰：『此赵默笙乎？尔旧日弃何以琛去，今日又归乎？』默笙大囧，去席，何生尾随。

至黄浦江畔，默笙曰：『众人皆谓妾弃君，君知其枉，何不言？』何生曰：『吾亦以为如是。』又曰：『默笙，吾恨汝久矣。』

二人行夜雨中，灯火陆离，江波七彩，往事如雨，淅沥而至。何以琛怨曰：『汝招惹吾，又半途废。』又曰：『汝与吾重归旧好乎？吾不能适她女子矣，唯汝能适。』

默笙凄凉，曰：『妾已嫁。』何生如冰被体，恨曰：『赵默笙，吾疯矣，任汝践踏。』

默笙亦不能忘情于何以琛。何生累于案宗，忽有胃疾，住院。默笙闻，痛极，入其病室，见何生脸白如纸，昏睡，心欲碎，吻其颊，何生寤，喝曰：『默笙何为？』默笙疾走，何生吼：『默笙，尔竟敢走？』默笙情不能已，又一夜中，至何生门，徘徊久之。

何生归，见默笙蜷缩门边，默笙见何生来，兴，牵何生手，曰：『何郎，何郎，君纳我乎？』何生斥曰：『汝欲为出墙红杏哉？』闭户，不纳。默笙苦守门，不去。

移时，何生出，要其入，正色曰：『汝不得意于婚姻，欲为出轨乎？』默笙无言，半日方语：『妾离婚矣。』何生极怒，嗔曰：『吾岂可娶一被休妇人？』

翌日，何生忽至默笙门首，邀默笙登车，曰：『尔之证件，齐全乎？随我行。』默笙曰：『欲何之？』何生曰：『吾娶汝，汝若悔，可下车。』默笙曰：『若君为妾夫，妾先行其权，亦可。』乃同载去，至婚证所，领证，众人皆谓默笙曰：『帅哥哉，汝之夫君也。』

甫婚，何生予默笙卡曰：『今日起，刷我卡。』

何生虽娶默笙，然分居室。默笙携行李来，怯然问：『妾之物，可置此乎？』何生笑曰：『吾乃正常人，无分居意，可置此。』

盖何生之娶默笙，半源于爱，半源于惧也，惧失之也。

某日，默笙公干往香港，收拾行李，何生见，问：『幸吾见之，否则失矣，汝欲何往？』默笙怯曰：『香港。』

何生忽咆哮，按默笙于卧榻，恨曰：『汝此去，又几年方归？』手击榻，如雷霆怒。七年前往事，犹有余悸，默笙惴惴，不敢言，又愧之。

逢长华校庆，何生携默笙往，有巨贾名应晖者，亦长华校友，潇洒儒雅，演讲于斯，女生迷醉，有女子公然曰：『应郎娶乎，妾等有机会乎？』应晖曰：『吾有妻矣。』

有人见默笙于众人中，呼曰：『应夫人。』

默笙极窘，曰：『汝误矣。』其人坚曰：『吾尝识应夫人于美国，岂有误？』何生亦脸黑。

应晖出，语其人曰：『君误哉，吾妻在星岛，此人相似尔。』其人含糊应之，不信，乃去。

应晖乃见何生，曰：『吾乃默笙之夫，有官府文书，合法，虽有休书，洛杉矶已判无效。』

何以琛笑曰：『尔所有者，文书耳；我所有者，默笙心也。』

应晖又示以恩爱照，俨然三人世界也，曰：『吾夫妻携此子小嘉，何其恩爱！』何以琛不语，哂笑。

应生电话何以琛，然何生携默笙往毛里求斯，不能通。

默笙与何生徜徉海滩，金沙碧浪，蓝天白云，海风徐来，棕榈摇曳，沙沙其声，海鸥上下，行于其中，不啻神仙。默笙数欲语养子事，未能，何生以金链与默笙，二人情定。

归国，以玫恨默笙已为他人妇，居然与兄缠绵，告于何以琛曰：『默笙无耻，已婚矣，兄知乎？』

何生曰：『已知矣。』以玫大恨，绝望。

默笙始道昔日曲折。昔在长华时，逢何生之怒，又闻以玫之语，方寸甚不安，归，其父忽来，仓皇曰：『事发矣，尔可往美，莫归。』强遣默笙往彼美国去，遗厚金。又数日，赵知府贪渎事发，下狱，仰药死。

默笙留美，闻其父死，知其金皆为贪腐物，乃大散之，不具名。然生计艰辛，所遇坎坷，尝为酒肆佣工，不识英语，大为所诟辱。

唯邻家有娟姐者，亦华人，常照顾之。娟姐为其夫所虐，不能忍，刺其伤，乃入狱三载。娟姐之夫又虐其子小嘉，烟头炙之。官府剥其抚权，送其子孤幼院。

小嘉馁弱，常受虐，默笙欲抚之，然无婚姻，官府不可。默笙愁苦，思有所金，可养小嘉。忽念旧日赠金长华某生，曰应晖，乃觍颜与之书曰：『吾旧日赠金五百元与君，今我艰难，君若有余，可偿我乎？君若为难，免矣。』

其信辗转至应晖处，约见之。

默笙候于街，着学生装，忽有倜傥生至，问曰：『汝乃赵女乎？』默笙曰：『然。』倜傥生曰：『吾应晖也，感汝昔日赠金之恩，不得其名，大恨，今见之，可报恩也。若无汝之赠金，吾饿死矣。』

二人谈之甚得。默笙言小嘉事，应生乃曰：『吾可娶汝，抚小嘉。』二人遂婚，得以救小嘉。然婚则婚矣，无其实。

应生有才，经营搜索，数年富贵矣，乃为名流。然默笙不忘何生，某夜搜索何生名，应生来，不能得，故应生知何生名。

三年，娟姐出狱，携其子小嘉去。默笙乃索应生休书，应生与之，实乃伪书也。默笙不知，得其休书，思何生不已，去美归华，喃喃曰：『以琛，妾归来，君知乎？』

默笙道其所由，曰：『妾言往事，本欲心酸泣下，今日言之，竟淡然矣。』何生曰：『汝有我也。』又曰：『吾今岁欲往美寻汝，办证矣，不意汝先归。』

何生乃入默笙室，默笙问：『君何为？』何生曰：『吾归吾居室。』默笙羞赧，自捂其面。

初，何生同僚皆不知何生婚矣，某日登门，仓促遇之，默笙发散乱，赤足，见众人，手足无所措。同僚戏曰：『非法同居。』何生坦荡曰：『有契约。』众人方知其娶矣。

有女问何生：『闻君有女友，美乎？』何生曰：『美则美，然超乎其美之人，多矣。』复又问：『优秀乎？』何生曰：『不好学，愚且懒。』众女不解，问：『贤淑乎？』何生曰：『很吵。』众女大不解，何生自嘲曰：『当年眼光如此，奈何？』

何生与默笙赴美，见应晖，言离婚事。应晖不舍默笙，欲挽之，默笙不可。应生乃言于何生曰：『吾与默笙休书，无效，有夫妻实。』何生有成竹，笑曰：『吾已查之，尔所休书，乃伪书，美利坚乃法治国，伪造文书，重罪也，君其思之。』

应生惧，乃允之。然默笙亦感应生之德，长谢之。何生乃得与默笙为眷。以玫亦得佳郎，有归属矣。婚前，有中年妇至，婉约风姿，言于何生曰：『吾乃默笙母，当年事，吾夫有欠于尔父，尔知乎？』何生曰：『此事吾早已知，默笙不能知。』

语须臾，何以琛有逐客意，因赵母不睦于默笙，已无母女恩也。赵母兴，去。何生曰：『吾养父母予我十年，吾予默笙一生。』

默笙貌非佳丽，懒且笨，居美数载，不知英语。又不习女工，洗碗碗碎，煮菜菜糊，做家务，天愁地怨。何生皆不计，自揽家务，默笙旁观而已。其在长华时，默笙念理工，何生学法律，然亦助默笙学高数，默笙曰：『妾有何郎，何须学也。』

何生默笙终为伉俪，美满幸福，生子皆为土豪，生女皆嫁名门，复又子孙满堂，享人间乐。寿皆百岁，青春如初，白日升仙去。

姑苏女子，感何以琛七年之忠，胜关云长之义，乃修庙宇，塑何以琛像，曰男神庙，春秋享祭，香火鼎盛。有求如意郎君之女子，皆趋而来拜。

某年，太史刘至姑苏，过男神庙，见痴女成群，拜祭何男神，乃宣言曰：『何以琛之事，乃顾蔓之虚构耳。世间男子，为一平平女子，等候七年，荒诞也。男子忍七年，可乎？』

尔等所望男子，欲其有色，又欲其有财，巴望『刷我卡』而已，此大伤男女平等之潮流，醒乎哉！

闻太史刘语，花痴大怒，曰：『何处男子，狂悖如此，诋毁神灵，破我美梦，姐妹们可鸣鼓攻之。』

遂千百粉拳相向，又以供果砸之。太史刘不敌，狼狈走，登车疾驰去，长叹曰：『天下梦，不可破者，师奶梦也；天下怒，不可触者，师奶怒也。』

姚贝娜传

人世间难得者，留清音而已，贝娜有焉。

姚贝娜，楚人也，歌坛妙姝，辛酉年生武汉，其父为乐人。贝娜幼有禀赋，修音乐，其父为师。父女初为师生，贝娜于课堂呼其父曰：『爹。』姚父止之曰：『吾今日为汝师。』贝娜羞，脸赤，冉冉目动，人甚怜之。

贝娜长成，貌清秀，其歌殊于众人。或上春晚，或演影视，其才虽异，然无所知名。丙戌年，青歌赛，折桂通俗组，然天下尚不知贝娜。

《甄嬛传》出，贝娜歌《红颜劫》，其声幽幽怨怨，凄凄哀哀，似清冷雨，复似回旋雪，又如落英，仿佛烟云，拱手让江山，低眉恋红颜，闻者太息而泪下。

未观剧，闻其音，则知其为宫怨。《甄嬛》大兴神州，贝娜有力焉。

至此，天下知其声，不知其人。

癸巳年，与赛中国好声音，歌惠妹曲《也许明天》，甫启喉，如海涛四面来，天阔地远，满座皆惊。

其音如惊浪，又曲折幽怨，至『我在浪里』，不过一『我』字，竟有万千气象，纯非肉喉所唱，乃巨浪自天际来，浩浩汤汤，虽东海邈远，不能尽其妙。汪峰不能自已，挥手起，全场观歌者如浪而兴。

那姐回视原唱慧妹曰：『此女所唱，胜于汝。』惠妹折腰，曰：『妹已鸡皮疙瘩矣。』

澄庆太息：『汝形瘦，然汝之音可裂石矣。』

天下人始知贝娜其人。

后，其歌名满天下，九州无不知其人。

天帝久闻贝娜妙音，恨天庭阙此歌者，欲召其来，众神曰：『贝娜青春，召之何忍？』天帝曰：『欲闻其音，奈何久等。』天地坠泪，乃召贝娜。

贝娜先有乳疾，至甲午岁末，公历二〇一五岁元月，疾复发。千万贝壳忧之，皆祈祷，然天意不可违，贝娜死，天下惜之。

贝娜性至孝，临终，慰其父母曰：『吾父吾母，莫悲，女去矣。』又捐其角膜。年三十三。

太史刘曰：

斯人虽尽，其歌未尽；斯人虽去，其曲绕梁。

贝娜往矣，然留清音于人间，或可流布后世，足以不朽；彼康侯、徐将军贵为万户侯，富贵滔天，无非流布浊音而已，以此视之，贝娜高矣。

人世间难得者，留清音而已，贝娜有焉。

陈道明传

道明淡泊，不以优伶居，由高逼格而神格，众生膜拜，盛矣哉，甚矣哉。

道明者，天津卫人，祖绍兴。乙未年生，长本山两岁，然青春胜之。其父乃学士，燕大生也，精于重文。其壮年坎壈，逢乱，朝夕不得安，日有恶少抄家，常遇辱，阖家惴惴。

每日，闻门外履声，道明母惶惶曰：『来矣。』道明时为少年，见父母之惧，深志之。

辛亥年，道明始学优伶，就学天津人艺，其间无所事，无所闻。

戊辰年，道明饰清献帝，颇有帝格。献帝溥仪之懦而躁，道明举止皆得其神。有司乃重之，曰此子可成。

娶妻杜氏，贤淑有仪，且多才，中央一套播音，长道明一岁。道明时在津，曰：『吾欲与杜氏恩爱，当朝夕伴。』乃如京，得所愿。其重家如此。

己巳年，有司曰：『道明，有综艺曰正大者，以君主持，其有意乎？』

时，有《围城》剧，亦寻道明。道明踌躇。乃至钱大学士府，三访之，见钱大学士风范，乃太息曰：『吾于文化，甚卑也，能仰止，何不从也？』遂定。

正大，则赵公、杨氏主之，杨氏得而闻名。

明年，《围城》见，道明饰鸿渐，观者许之，皆曰：『道明也者，为鸿渐生也。』

夫鸿渐者，民国落魄骚客，亦清高，亦龌龊，亦迂阔，亦诙谐，亦怯懦，亦狂躁，亦随流，亦不屑，亦知耻，亦麻木，种种性情，杂糅而有，所谓有学而边缘者也。

此乃钱学士平生得意人物，道明演绎，竟如自书中流出。钱学士闻于天下，道明有力焉。

道明以鸿渐名，遂有青云迹，优伶之中所谓最者。乃为康熙，为汉高，为勾践，为蒋公，莫不皆得众人之妙之微之曲，如其重生。有司赞叹，颁奖如闲常事。

甲午年，老谋要之演《归来》，主角陆，乱时落魄文士，道明演绎，入其神髓。盖其幼时所历，其父之惊恐、苍凉、落拓，其闻履声而股战之状，入其心，今演绎之，如拈来也。

然，自太史刘观之，道明演技，未脱鸿渐。

其为康熙，则为鸿渐之康熙；其为勾践，则为鸿渐之勾践；其为汉高，则为鸿渐之汉高；其为蒋公，则为鸿渐之蒋公。所饰诸人，自帝王至走卒，皆有鄙夷冷高态，鸿渐挥不去。

道明为人，长七尺，形神皆如修竹。其眉目，有冷清鄙夷意在，又好清静，不好观剧，居京畿斋，朝夕奉母，故其逼格高，久，乃升而神格。

自甲午年起，道明神格见，诸处皆为宣告：『道明者，吾国之好男子，至神至圣，睿智从容，以学士而优伶也。』

一时靡于天下，以为煲鸡汤料。

乙未年，道明以贤者入京师议国事。众优昏昏，无所建言，道明则否，有铮论，其论曰：『呜呼，审查，文艺之仇寇也，斫风伤雅，人多束手。他国文艺，皆问上线；吾国文艺，皆问底线。』

太史刘曰：

道明淡泊，不以优伶居，由高逼格而神格，众生膜拜，盛矣哉，甚矣哉。

海子传

嗟乎，读海子诗，未尝不流涕，惊其神鬼语，得天地之妙，又悲其遇。

海子者，皖怀宁人也，家在高河查湾村，查姓，名讳海生，甲辰年生。家为农户。其幼耕于陇亩，多识草木鸟兽之名，每见日之夕矣，牛羊下来，鸡栖于埘，又见浩壤黑泥，林野大荒，兴叹，其为诗人，始于此乎？

海子敏，十五岁以甲等优录京师大学堂，习法令之学。年十八，忽索笔为诗，惊为天工。癸亥年，入法学堂为师者，研哲学。

海子为人，循循如也，好独处，似不能言者。其行事，无所道者，然其于诗，则不世出之豪杰也，能动鬼神天地，世多惊骇。

之所以动天地者，非其殊威也，乃其赤纯也。

阅其歌行，如见一庞然赤子，举臂叱咤而走，群山皆动，鸟兽屏息。闻其音韵，如风从万窍来，侧耳听，万物皆有声，土块有声，落日有声，顽石有声，草木有声，其声皆自太初来，海子者，即太初也。

其血脉筋络皆与万物通，海子呼痛，则草木哀伤；海子呼悲，则顽石泣下；海子呼穷，则山川无路。海子即草木顽石山川之化身，万物皆具于一体，故海子曰：『抒情即血。』盖海子之血，乃天地之血也。

其诗云：『八月逝矣，山峦清晰；瞻彼苍天，高于往日；瞻彼浮云，尔貌不识；八月如爵，安坐我诗；一杯虚空，载我之辞；一杯累累，载我太息；哀哉我父，岁月如笞；岂得悠游，共此艰时。』（《八月之杯》）

又有诗云：『若有女子，经彼南亩；麦田之野，收拾吾骨；载以木椟，还于我居；我母何在，晾衣于堵；恐其伤悲，莫告吾母。』（《死亡诗》）其伤死孝亲之意，读之不忍。

又有诗云：『牧马伐木，吾欲远游；稼穑菜蔬，吾欲何求。我居所临，春花海流；天下诸君，皆我之友；一一相告，岁月且优。』（《面朝大海春暖花开》）此诗有乐居好生意，大为地商所喜，天下有屋，即有此诗，人虽不识海子，然皆知此诗，皆能诵之。

然，海子于京师，常寂寂，又不乐与人居。

京师结诗社，曰『存者社』。海子不与，问之，则曰：『自来诗人皆寂寞，吾乐独处，岂在结社？』

其实未必，盖骚人聚，言他人诗，皆不逊，有长者叱海子曰：『小子何知？』海子不能平，面赤，拂袖去。

又，海子拙于言，京师欺其年少，多诟辱之。某岁，张旗鼓批之。或游川，有诗人哂海子，海子耻之。海子未娶，有相好女子，竟为他人妇。又短于世务，某日逢同僚孙里波，怅恨曰：『尔等评职，吾竟不知，欺我哉。』

海子能通神祇，己巳年，知有变，益狂。尝呼曰：『屋顶有魅。』

公历三月十四日，留一诗，曰：『海子还生，其数有十；歌兮舞兮，哂笑其尸；尔所痛兮，弥漫大地；世人所居，无非谷米；吾之所往，大风起兮；嗟尔曙光，不明何意。』幽怨深伤，有神鬼意。

海子之欲死，久矣，尝于友者苇岸论死，苇岸曰：『若缢死，极难堪。』海子曰：『吾欲自飞机坠空死。』

己巳年公历三月二十六，海子怀书四，其一曰《圣经》，其一曰《瓦尔登湖》，数枚橘，晨往山海关，卧轨死。京师自杀，皆选此，盖曰慢车碾身，可如意，若逢快车，为其推，不得意也。

海子死，又五年，顾城杀妻，自缢大洋荒岛。

己巳年后，天下诗人稀矣。盖芸芸众生，往来名利，皆以商贾为事，骚人之事，不足齿。俗云：『投石街衢兮，中者皆为诗人兮。』海子顾城死，则云：『投石街衢兮，中者皆为商贾兮。』

然，天下仰望海子不绝，每至祭日，墓前吊者如络，天下言诗者，莫过海子。后有汪诗人出，乙未年，荆襄有民妇余氏者，残人，有天然诗语，天下仰慕，与海子或可前后参差。然多怨怅语，其度，其神妙，逊海子。

嗟乎，读海子诗，未尝不流涕，惊其神鬼语，得天地之妙，又悲其遇。盖海子之死，非肉身之死，乃时代之死，人心之死，以海子为牺牲，祭时代之殇也。

海子彼时若不死，抑或庸碌于世间，泯然众人，徒增世人之羞也。

海子不死，海子升华。

刘翔传

一日飞，则终生飞，一人飞，则神舟飞，国人志此，足矣。

刘翔者，沪人也，癸亥年七月十三日巳时生，七岁习田径。始为跳高，无所异，体校择人，漏翔。有方教头，某日见翔跳远，其体前倾，有欲飞状，曰：『此子异禀，不能致高，然能致远，可跨栏。』乃谓翔曰：『为吾弟子乎？』翔曰：『诺。』

乃奉方教头，习跨栏。初入体校，师兄戏谑，以发浸其杯中，翔不能饮，然无言，其能隐忍也。

十六岁，入健儿籍。初，亚细亚人不娴田径，有朱建华，亦沪人也，跳高，屡破录，然折戟于洛杉矶，后无所闻。又有马家军，皆女子，善走，屡夺金，然嫌于鳖血，又沉寂矣。

至于翔，复起。癸未年，战伯明翰，六十米，摘铜，于亚细亚为首。神州十八载憾于斯，至翔，始得无憾。

甲申年五月八日，战大阪，始胜约翰逊，录十三秒六，国人始知刘郎。车商亦睐翔，有代言。

是年八月二十八日，奥运，战雅典，翔称伯，折桂，录十二秒九一。时，雅典惊诧，神州喧呼，翔裹国旗，绕场行，临颁奖，翔跃而登。自雅典后，天下呼『翔飞人』。盖神州至亚细亚，百年唯翔尔，神州之喜可知。

后数年，或战锦标，或战田联，皆得意。

翔得志，欲为优伶，与古少巨基同台，歌《好想好想》。接商契甚多，亦多于金。富哉刘郎。

京师奥运近，国人皆呼：有刘郎在，鸟巢生辉哉。

戊子年八月十八日，京师奥运，战鸟巢，翔披甲见，万众皆呼。然，始奔，忽止，步若瘸，乃弃，作仰天长啸状，悲不能自已。鸟巢居然为他人建。

国人大愕，皆问飞人若何？

无何，中央一套曰：『飞人伤矣。』其教头泣曰：『飞人伤久矣，其伤在足腱。三载前，飞人无袜着履跨走，伤肌腱，是处乏血，伤难复，茧破复有茧，久而郁积，透于内，竟不能疾行。』

是疾，短跑健儿多有之，翔与教头不为意，成顽疾，碍于跨栏。前数日，打封闭，不愈，以痛攻痛，又不愈。

国人有疑之者，或曰：『飞人负广告多矣，若曝其伤，不得与赛，则数十亿金为东流矣，岂能隐而退？飞人欲退，岂得自由？』

此皆蜚语也，无实。

己丑年始，翔复入赛，渐有佳绩。壬辰年二月，两田联赛，皆折桂。

国人皆曰：『飞人复振矣，奥运可期乎？』

伦敦奥运，前度刘郎今又来，八月七日，决赛，翔见，神州翘首。俄而，群雄竞起，翔亦起，太史刘同事强哥戏曰：『必蹶。』果然，数步，欲登栏，然足触于栏，蹶。伏于地，兴，吻跨栏，悲不能胜。

飞人之蹶，四海哗然，天下失望，皆知飞人自此退矣。中央一套又曰：『飞人伤久矣。』

有香港女艺人呼曰：『翔无胆哉，懦人也。』

国人曰：『过矣，此女辱飞人也。』

甲午年，翔得娇妻，伶人也，有图见天下，翔曰：『吾爱它与她。』它者，跨栏也；她者，娇妻也。

乙未年五月十七日，翔告于天下曰：『吾退矣。吾于艰难，从未有惧。』亦邀跨栏名将，聚于沪，唏嘘。

翔私曰：『始吾于退，甚彷徨，今淡然矣。』

太史刘曰：

飞人之退，岂在今日，于伦敦奥运，其退早矣，今日之语，补办也。其事非能由己，人至巅峰，何事能由己？昔朱建华狼藉而退，至今无闻，今日舆情宽容，胜往日也。

且翔于神州，于亚细亚，乃绝飞也。自后十载，数十载，欲得复有飞人，难如意也。

后虽有蹶，然不失初时之飞，一日飞，则终生飞，一人飞，则神舟飞，国人志此，足矣。

中国商业三十年风云记

太史刘夜读书，忽闻客问曰：『近日侍郎士余斥姚生乃贼子也，曰：「狼子，勿触我禁，勿犯我篱，否则兵戈逐之，囹圄待之，君有何言？」』

太史刘曰：

吾非君子，不得在有言者之列，若有言，去岁尝假托张謇报之以书，文在《中国企业家杂志》，今列于此，仿古人之言，寄托玄远，或可言之一二。

太史刘仿清末状元张謇致当代企业家书：

诸君坦荡，敢言敢行。用心廓然，议论允当。多有采择，泽及今后。吾言吾行，亦不出此。百载往还，寰宇跌宕。吾思吾虑，同于诸君。豪杰之兴，不待百伯。河洛出图，诸君勉哉。

敬启者：

诸君，謇不预于天下事久矣，过往之人，过往之事，泥上指爪，鸿飞东西。吾于历史，泥上浅爪也，然爪痕虽浅，心恨犹深，诸君亦有吾之恨乎？

吾早岁艰难，唯读书功名为事，然吾祖以之为恨者，功名也。三代蹭蹬，无有功名，谓之冷籍，冷籍则不得入试。冒籍如皋张家，始得入籍，捷，乃为生员。如皋张家不逞，质予于公堂，数年不决，困顿矣。

其时，吾以功名为念，谓天下之捷径，一己之通途，莫过于乡闱。盖闻当今之马云君，少时亦困于考场，窘困于数理，数不能达，穷极闾里，马君斯时之遇，同于吾也。

吾于江宁乡试，不能达者五，光绪二十一年，去江宁而赴顺天北闱，居然中，吾年三十三矣。本心灰枯槁，然翁相谬爱，甲午年，以吾之卷上，谓同僚曰：『此子名士，可为状元。』遂忝榜首，告捷科闱，除翰林院修撰，时吾年四十一矣。功名不过敝屣耳。

甲午战起，先挫于海，再败牛庄，吾詈李鸿章畏日如虎，劾之。正欲有为，逢父丧，乃守制三载，不得与朝廷事。守制毕，国事更张，值戊戌年，变法败，康梁浮于海，谭君赴死。翁相致仕，吾饯行于途。国事如此，悲怆何如？乃思事之可为者，曰：『唯实业可救国乎？』呜呼，唯实业之可救国也。

实业岂可易为也。初，吾守制，乃之南通，欲为大生纱厂。初曰商办，然吾知商办之徒然也，欲官招商办，又曰官商合办，以筹资也。商之为力，岂胜官之力哉？然此亦难为也。筹款一事，乃求之郡府，郡府好言曰可，然无半寸惠及。江宁府布政使桂嵩庆尝曰：『吾助七万两。』至是，问之则默默而已；盛宣怀与吾同僚，亦壮言许之，然亦默默。吾之上海招股，无果，竟无斧资反通州。卖字途中，人皆笑曰：『此前科状元乎？落魄如斯乎？』受辱不能作色，往岁至斥袁项城、劾李合肥之謇，今何在哉？

盖吾所遇，诸君或所不知也。吾以甲科状元嗷嗷乞于市井，诚谓斯文丧尽，贻齐人之羞也。吾闻甲子年，企业元年也，又一年后，《中国企业家》创刊，时语何谓企业者，众皆茫然，或曰：企业家何物？是为资本家否，不若名为《中国厂长经理》。诸君人中龙凤，然彼时或不过尔尔，寻常闾里。若柳传志君者，职于中科院计算机所，某朝睹《人民日报》，见有畜牛致富事，叹息曰：『畜牛细事，能见于斯，天下思富可知，事可为也。』乃思欲奋起，其时其身不过雇职也，为商则为也，何虑降尊哉？

又若王石，雇于铁路，其时在深圳，富于春秋，不过小子也。栖工棚，眠铁架，所居不过户牖，所食不过糟糠，月薪四十二，日日辛劳，难耐腐豚之臭，不胜蚊蚋之扰，阅《大卫·科波菲尔》，睹港界在咫尺，不知他日所为。彼时其身不过雇工，为商则为也，何虑纡贵哉？

又有曰张瑞敏者、李经纬者、刘永行者，寻常巷陌人家，保全于牖下，无闻达于天下。豁然乎，此数君其身无所负，亦无所挟，可轻率而为，可犯禁而为，可草莽而为，斯时之商企，有江湖气，横逸斜出，不拘于轨，以布衣身起，何惧哉？

当时国家曰：『欲以商行天下。』庙堂江湖皆有致富之志，虽禁之未弛，然上下皆有此心，民与国同心，何禁不可坏？故豪杰蜂起，纵横狼突，虽曰民为，亦庙堂之志也。

吾彼时则不然，身荷国恩，尊为翰林，复为清流，隶于帝党，焉得不有天下之志？柳传志、王石、张瑞敏怀致富之志，吾怀天下之志。吾之进退，所系重焉。忆吾送翁相，思国事之糜烂，相对泪千行。翁相往矣，吾志决矣，以商承吾师之志，得立宪护君，国事或可为也，故曰所系则重。若柳、王、张诸君，进则有利于国，退也无伤，所持者小，进退豁如也。然诸君之志，与吾略同。彼以公司兴则国家兴，故凡其所为，皆为国家探路，其所败，则国家知所避；其所成，则国家知所趋。故其所系虽轻，然于天下言，其成败非可藐视也。

诸君与国同志，国曰行商，众流闻之而至，遂成浩渺，沛然不可遏也。然吾之于国，茫茫哉，帝困瀛台，革命之在旦夕，国复何往？志又何存？吾所为者，或为存国也。然国之存，又系吾之所营。

初，闻武昌事起，吾骇然，夜叩江浙督抚之阍，曰：『事急矣，武昌之事，若不遏之以兵，临之以师，剪除于既盟，若置之，蔓延不已，则事不可图也。』俄而，孙逸仙返国，袁项城拥兵顾盼，共和不可挡也。吾所思者，事既不可挽，则顺势为，君主立宪既不可得，共和立宪亦可，故易初衷，咸与共和焉。亦忝职南京新政，为商业总长，吾所为者，仍以商企系于天下。

吾观商者之流，自甲子年滥觞，于今其变多矣。上下初以去贫致富为念，故听豪杰纵横为事而不加束，图发展也。众豪杰，有成者，若柳传志、王石、张瑞敏诸君；有为王前驱，成为复蹶者，若马胜利、步鑫生、牟其中；有成而蹶，蹶而再起者，若褚君时健。其成败，固以禀赋之有贤愚，所遭之有参差，然亦时势之使然也。

初之起，天下商贾以犯禁为法，变法亦以犯禁成，变革者亦违规者，其甚者若牟其中之售俄罗斯旧飞机，至若欲碎裂喜马拉雅山。

久之，旧禁日去，新法完善，无初时之纵逸，渐有规范，不得妄为，牟其中、李经纬、张海、顾雏军触禁而蹶，乃系囹圄。顾氏云：『此城之富，皆由吾也，郡守岂不爱惜予。』斯言在耳，某岁，或指责顾氏枉法，雇主自购。然顾氏全无权谋，若默默应之，或不过驱蝇耳。然顾氏不晓守雌之道，昭然若惧天下不知，曰我合法，天下知之。有司按察，蹶矣。自触禁而发，至触禁而毙，此所谓时势之使然。商之与政，未尝去须臾也。故，商人不可不知政也。

晚清，天下担当者，多为士。自洪杨事起，曾文正、左文襄、李文忠，皆以士人兴，士人亦一振。

后又洋务，曾、左、李而外，复有刘坤一、张之洞、刘铭传起，亦士人也。然未有士而商者也，吾之起，以翰林为商，自予始乎？前之胡雪岩，以市井为商也。

观《中国企业家》创刊以来，企业家渐成阶层。肇始，以小子从商，若敢死之士，强以意突之，以禁驰，少羁縻，翩然翱翔，故多能侥幸。至一九九〇年代，有九二派起，其人多仕宦，所谓士而商贾，若吾辈者也。在壬申年，邓公知众心惑，乃南行，曰：『资社之辩可休矣。』壮士闻之，摩拳而起。一桌一椅，一纸一笔，可谓公司矣。宦途诸人，有厌案牍者，乃入海为商，有成名者，陈东升也，田源也，冯仑也。

冯仑往琼，逢潘石屹、王功权诸人，亦行江湖事，炒地壥，逐利于中，利丰辄移而房地产。此辈通律例，晓制度。公司法者，明股权者，自此辈始。且能通庙堂意，能瞻众人所不能见，能预众人所不能知，得先机，故能于诸行为领头羊。又多能避忌，少有触禁而倾侧者。此辈抱负既大，然其所遇，亦幸哉。

吾尝言：『一个人办一县事，要有一省之眼光；办一省事，要有一国之眼光；办一国事，要有世界之眼光。』此辈有之。彼时吾见欧战方炽，故营纺绩之业。八年，纱锭至十三万又七千枚，利逾千万。早岁牟其中以残机赚利千万，以彼世界消息之钝缓也。至若今日之世界，通有无消息，弹指尚为迟迟，瞬息犹为悠长，得失电光火石间耳。九二派诸君能置寰宇于掌。

纽约东京寒，则我加衣；纽约东京暑，则我探汤，迅若臂之使指。若于斯而言，诸君胜吾辈也。然于魏阙江湖之际，则或阙如也。居一国而知世界，居北京而知硅谷，当今虽竖子亦能也，以有苹果爱疯诸般利器也。然居江湖而知魏阙，而能与魏阙，能乎？

虽以吾知尝居魏阙，从帝后之侧，亦昧然于势。辛亥年，帝逊位，吾为草诏，自谓天下太平立致，恢恢然可为商业矣。又见袁项城立，兵精马肥，天下可托也，乃矢志为商。壬戌年，吾为天下所重，大生持见在金三千万，其时盛矣。然不意暴雨猝至，洪流汹汹，十年筑堤，毁于一旦，衰象既萌，又值纱贱棉贵，货不能售。然同时之东瀛，亦逢此劫，彼政府视民企若己子，贷金买货，所能拯者，无不为也。东瀛纺织，得以活，重振而与我竞，其势可知也。

吾望民国救我，不得；吾望东瀛救我，不得；吾望欧美救我，不得。呜呼，此诚非战之罪也，诚不知势之罪也。吾虽科甲状元，翰林编修，然吾所立者，商业也。以区区纺绩十万纱锭与朝廷相抗，维系自治数十载，预于国事，然一朝纱锭尽失，则万般皆失，徒然匹夫矣。在商可言商，可言天下事，可言寰宇事，舍此，匹夫矣。

吾知李途纯之事，尝以罪系，后曰无辜，乃释。李生愤愤，罪之他国，惜哉，其未悟哉，其佯狂哉？诸君之与吾辈，邈若山河矣。然诸君彼此相去，亦何尝不渺渺乎远哉？柳传志、王石、张瑞敏诸辈，尚有士风，时时指点，或有怀抱及远方，若二马君，则淡然矣。有人至柳、王、张之署，皆见有书满架，闻其咳唾，亦有诗书，二马则否，入其室，不见有书，闻其语，亦不见书，所讴所歌，皆流行世俗也，无先王之乐。吾闻之而惑。

然谓其不学，则其与生民，去之近甚。民间闾里，每逢双十一，皆为佳节，亿民蜂拥，钱流汩汩，虽不见其形，然能知其运筹，昼夜九百亿，古今所无也。盖马云好民之所好，且助之。其富贵繁华像契世人所慕，以买为欢，以买为神，公能令我买，公能令我狂，欲之所达，坦然无碍，能达吾欲，则为吾神，故或呼为神。

观此三代诸君，与吾同志者罕矣，然吴海可也。吾尝身为清流，怀天下，知商与国之不可违背，观吴海君之书，未尝不长叹焉。若吴海者，掌酒店馆驿，亦巨贾也。其为人者，视之木然，然其有胆若伟丈夫，乃上总理书，其文曰：『善遇乎民企，则善遇乎民，不善遇乎民企，则不善遇乎民；今之有司州郡，遇民企不善；吾之所呼，实有大苦衷也。』

壮哉斯言，狂哉斯言，若西晋李密之《陈情表》也。吴君亦惧，尝曰：『吾得自保乎？』呜呼，吴君此心，吾亦有之。晚清，吾率徒请愿三。入民国，国之所为，皆无崖畔，又无章法，吾尝云：『无导民兴业之心。』靡费而不见效，商界不知所措手足，吾痛斯事，建言曰，若得兴商企，有司不得与，听以民办。盖于吴君之吁善遇民企，其心一也。政之与商，相辅翼者也。吾之为君宪，吾之为共和，乃以商为事也。

诸君坦荡，敢言敢行。
用心廓然，议论允当。
多有采择，泽及今后。
吾言吾行，亦不出此。
百载往还，寰宇跌宕。
吾思吾虑，同于诸君。
豪杰之兴，不待百伯。
河洛出图，诸君勉哉。
纸短意长，兹不一一。

謇顿首

舒淇冯德伦婚恋传

但有真心一人，沧桑不敌情怀。

有舒淇者，绝妙女子也，亦自知其绝妙。奈何弃在闾里，屈身乡鄙，朝夕所见，无非粗人，四时所逢，皆为村野，玉质不为天下所闻，常恐平庸死于户牖，恨哉，恨哉！

某夕，有王晶者，名导也，谓之曰：『卿有丽质，何不从我为伶，可闻达也。』其时，有剧为《玉蒲团》，要淇为花旦。

淇思之再三，乃卸衣解裙，玉体横陈，笑开娇颜，鬓压落花，为世俗所不能为者。男子垂涎，炫倾心魄，故一时闻名，然亦一生负累。

淇既知名，常恨旧事，矢曰：『往昔妾以解衣成名，他日必以盛装成全。』

有冯德伦者，散淡公子也，亦自喜其散淡。父母名门，游学美国，不知成名为何物，亦不惜富贵何处来，若水上之风，止于所止，行于所行，或为优伶，或为导演，或为歌倡，一生不过随意尔。

人生初见，你我少年。当时有剧曰《美哉少年》，淇遇冯少，君年二十三，妾年二十一，舒淇神情婉婉，冯少行止磊磊，一若绿波菡萏，一若危岩翠竹，天造也。

虽淇有秽名，然当时青春，一见容颜，岂有嫌恨，遂有相许意。然所谓爱情者，岂在朝暮相守，更在别后相望，相守或许平庸，相望更是传奇。故彼时匆匆，二人别离，只是富于春秋，来日方长，故无伤感。

其后，二人取次花丛，阅人多矣。

太史所记如下。

淇淇所阅，或曰黎少，或曰张震，或曰王生，或曰小任。

冯少所阅，或曰蔡姑，或曰莫氏，或曰徐妹，或曰雨绮。

其间足以观者，淇与黎少事。淇甘为黎妇，低眉献好，百般逢迎，然黎少麾下皆鼓噪曰：『此女，秽女也，不足以匹黎少，君若为天下，此女可弃，臣等死谏。』黎少踌躇再三，作忍痛状曰：『卿固然可怜，然吾不能忍卿旧事，就此别乎。』舒淇曰：『诺，君非真性情人也。』

冯少别舒淇，遇莫氏，缱绻若夫妇，以为好事成也。然冯少慵懒人也，其待莫氏，若有心，又若无心，朝别则暮不传书信，暮别则朝无所冷暖，有之亦可，无之亦可。莫氏不能堪，某夕，告于世人：『妾与冯少，云散也。』世人闻之，亦不甚惜。

二人又逢，舒淇曰：『君未成婚妾未嫁。』冯少曰：『奈何？』舒淇笑曰：『我有妙女子，可配君。』冯少问：『妙女子者，乃卿乎？』舒淇笑曰：『非也，非也，乃徐妹也。』冯少愕然。

冯少复与徐妹好，不过一年，亦别离。冯少谓舒淇曰：『今又与徐妹别离，卿有何言？』其时，目若火炬，若有索求，舒淇莞尔：『可惜。』卒无他言。

淇与冯少，别后相望，每有交集，则传佳话。一夕，天河霜白，夜星渐密。忽见淇与冯少，抚栏笑谈，冯少烹饪，舒淇作陪，二人切切儿女语，旧别相好。香港狗仔喧哗，谓淇与冯少再赴巫山。

又俄而，月落星稀，冯少不见，舒淇落寞，乃留言曰：『既与君相逢，相约度良宵。厮磨事未竟，君又不见了。』

所阅既多，舒淇其志何在？观《非诚勿扰》或可知也。

舒淇所饰女子，恋方中信，奈何君已成婚妾未嫁，纠缠不了，不能自已，乃往北海道，蹈千尺深海，自沉于波，当时渺渺茫茫，生死皆忘，恨海无底，太史观之垂泪，知舒淇必有所许，只是不足为外人道也。

年岁者，锤炼人也。舒淇不老，益见其佳，渐卸当时幼稚，俨然神仙女子。唇吻一翘，人不能持，于世事，甚无所谓。冯少亦长成，春华已褪，秋实待收，收之者，何人也？

丙申岁，二人游千塔城，天王刘相随。

古堡秋色，碧霄红叶，周览千塔，巡行城中。

秋光如酒，沐舒淇娇容，冯少沉醉，曰：『此时佳事，莫过与卿卿相好。』

舒淇笑，不胜其美，十指相交，犹若胶连，曰：『嫁衣已具，霞帔已成，万事俱备，唯缺摄影。』

乃隔空呼摄影，摄影飞来，遂好事成。

天王刘曰：『天王可证。』

冯少喜不自禁，书曰：『吾娶娇妻，何必奢华；嫁衣虽陋，心意可嘉。义无反顾，吾必娶她。万事可错，爱心必达。若问结胎，B超未查。』

太史刘曰：

卿卿可爱之人，终得真心来爱。但有真心一人，沧桑不敌情怀。

卿卿可爱众生，好窥他人号外。舒淇自有郎君，不是你家白菜。

虽非我家白菜，依然不改我爱。众生各爱所爱，舒淇寄托所在。

王健林一亿元传

既一亿终身不可得，投胎已技拙，则不妨戏言以嬉，娱此穷生。

世有男子曰王健林，四川人，少年从行伍，积功为标统。某夕，行营帐，见明月照积雪，边声连画角，喟然叹曰：『吾志在封侯，然此非高祖逐鹿时，皓首行伍，不过总兵提督，老死户牖而天下不知，岂能郁郁乎此哉？』

逢削兵，遂解甲，为大连街衢小吏，不甘朝夕因循唯诺，乃请缨营房产，有小得，遂气盈胸臆。某日在港，登君悦楼顶，海风徐来，万户璀璨，慨然有吞并之志，曰：『嗟乎，大丈夫当据高楼如此。』同行皆笑：『妄哉王生，此非尔所能也。』

健林念念不忘君悦所见，至大连，集麾下，大言曰：『诸君岂不尽力，吾等一亿在望。』言未既，有小吏笑于列曰：『王公欺余哉，小子随明公麾下，所得不过三五斗，所见不过三五陋室，户头不及百万，月末愁月初之粮，年末忧明年之资，惶惶恐恐，战战兢兢，若秋末冷蜂，寒冬死蝉，一亿何在？』

健林含忍不言，殚精为之，每晨先于众人至，每夕晚于众人退。一岁三百六十五日，遐退者，不过五日。又爱惜麾下，有病者，贻以万金，曾不少吝，麾下感泣，遂能用命。

且长于筹谋，能见未至，敬庙堂而远之，趋大势而进之，先是筑楼而鬻，又曰：『筑楼而售，非长久计也，长久者，莫过天下皆有吾之楼。』

乃大造广场，遍居天下，凡有城池处，皆有万达广场。

十数年，健林雄视天下矣，金千七百亿，虽李超人亦避锋芒，惭不如也。

健林不忘旧事，每叹息微时为人所笑。今岁，凤凰阁左史鲁豫访王公，问其旧事。

健林曰：『尝有小子见吾，发壮语，曰欲为富贾，天下莫强，八方臣服。』

鲁豫曰：『王公何以答？』

健林曰：『吾乃曰，小子，凌云之志不可无，高骛之心不可有，尔欲为第一，不过大言尔。吾为尔计，不如缓谋，待之以三五载，先谋一亿，得此再谋十亿、百亿，岂非万全良策乎？』

语未毕，唾犹飞，天下皆知。

众生不明健林所语前后，亦不知背景，断章摘句，且怒，且笑，且悲，纷纷曰：『王公所谓先谋一亿，实乃神仙中语，吾等不过草芥寒虫，闻此天上语，皆不明所以。』

于是，好事者起，以一亿为藉，多造滑稽段子。

或曰：『吾今谋公号，先谋几个十万加。』

或曰：『吾今欲谋购车，先谋保时捷。』

或曰：『吾欲谋全球连锁，先谋亚洲连锁。』

或曰：『妾欲谋郎君，先谋宁泽涛。』

或曰：『吾欲谋佳人，先谋林志玲。』

或曰：『吾欲谋足球，先谋巴西与德国。』

又假托比尔·盖茨，曰：『买车先买兰博基尼，艰苦积攒非一时，先得蓄钱五秒钟，五秒过后车已至。』

太史刘曰：

天下纷纷效王公之言，一则无奈也，先谋一亿，于豪杰不过起点，于草根则为终身兴叹之巅峰；一则遣怀也，既一亿终身不可得，投胎已技拙，则不妨戏言以嬉，娱此穷生。天下万事，一至于娱乐，则众生平等。此所谓折叠社会乎？

拳王穆罕默德·阿里传

故豪杰也者，非以技名世也，亦以节名世也。

穆罕默德·阿里，本名卡修斯克莱，路易斯维尔人，壬午年生，为人孔武，有虎贲气象。

彼时美利坚人，白尊黑卑，虽饮食，亦别为相待，阿里有志，曰：『吾若得志，必不使黑族卑弱。』

十二岁，某夕，失其单车，阿里恨恨，曰：『得盗车者，乃笞之。』有教头乔马丁者，谓阿里曰：『小子不学武乎？有武，盗者必惧。』阿里乃习武。

十八岁，乃如芝加哥，将与冠军战。得间，阿里顾于教头曰：『吾师今夜何往？』马丁愕然曰：『吾观尔战，何暇他往？』阿里笑曰：『吾今夜战，不过一合，可致敌败，吾师可得闲暇，他往亦可。』教头曰：『尔狂言耳。』

无何，乃与拳王竞，一合，拳王扑，不能兴，阿里摘冠，如其言。

是岁，往战罗马奥运。所与对擂者，皮埃茨克斯基，波兰虎将也。阿里无惧，与之竞斗，凡手格，若蜂之蜇人，频而多力；凡步移，若蝶之盈舞，诡而错落。皮埃不能堪，身手其拳甚多，败，阿里夺冠。

阿里既得志，乃自谓云：『吾终得为黑族扬眉矣。』某日，项上系金牌，之某酒肆，拍案曰：『吾乃奥运第一，酒来。』然无应者，阿里再呼，亦无应者，或曰：『尔虽奥运得志，然不过黑族，猖狂何为？』阿里大恨，掷金于海，长太息曰：『如此之邦，吾忠之何补？』

年二十二，阿里隶拳手籍，与索尼里斯敦战。里斯敦，金腰带霸王也。二人合，阿里手疾如风，步迅如雷，若狂蝶舞，其击必中，里斯敦击，则不知阿里所在。阿里又利于舌，且战且语，且竞且歌，若饶舌歌者。以言助战，盖自阿里始。

里斯敦身承其拳，心承其言，困悴欲死，乃溃，阿里始得为职冠。其登霸王坛，放言：『吾今日奉真主，易名，世间再无卡修斯克莱，唯有默罕默德·阿里。』

斯时，美利坚跨海击安南，多输壮士于海外。阿里不然，昌言曰：『吾不欲从军，且万里之外杀他国之人，非吾所欲为也。』又曰：『呜呼，吾国刻薄，不与吾辈自由，不与吾辈公平，国内之治见拙，何遐征他人之国？』

闻此言，朝野皆谓阿里狂妄人也，国主震怒，贬阿里，削其籍，徒五年，阿里赋闲而已。然，天下狂狷皆奉阿里，每有聚，则阿里必登，诟詈朝政，多有非论。

美利坚师老于外，壮士多死，乃思阿里之言，大理寺复阿里之籍，年二十八，阿里再着战衣。

初，阿里久不战，疏于艺，蝶步虽在，不得施，屡北，国人曰：『甚矣，阿里之衰也。』

甲寅年，阿里战伯主福尔曼，人多轻阿里，经纪唐金曰：『此战不可不择地，若在美利坚，阿里危矣；若在扎伊尔，则不可量。』乃移师金沙萨。

金萨沙民，皆奉阿里，视福尔曼若仇。是日竞斗，万民皆呼：『必诛福尔曼，必诛福尔曼！』福尔曼窃曰：『今日不苦战，死矣。』乃力战，迫阿里于一隅，阿里忍良久，猝起，蹈福尔曼之暇，奋力击，福尔曼溃。阿里乃得再起，袭金腰带，去往日之荣，七载矣。

自是，天下遂不可挡阿里，阿里每战，悍如虎，疾如风，不屑以点数胜，必致人于跌蹶不能起，方称其志。

又四年，踞拳伯之位，凡二十二，古今莫及。

然阿里病矣，其疾曰挛，不可治也。壮士十年苦战，受创不可胜数，或曰其颅，承创二万又九千番。

阿里四娶妻，有子女。

丙子年，亚特兰大奥运，以金牌授阿里，以偿其失金牌于海也。阿里虽病，不能振，然群雄肃然，致以尊礼。

丙申年春夏，阿里薨，年七十四，天下哀。

太史刘曰：

早岁阿里不为其国所容，非议朝政，干国之怒，致赋闲家中。然其气不馁，其志不颓，以一人与国抗，虽千万人吾不惧也，此天下不忘阿里之由也。

至于泰森，以淫亵事败，此后不起，其人虽在，莫若死矣。皆为拳王，霄泥分别如此，良有以也。

故豪杰也者，非以技名世也，亦以节名世也。阿里也者，真豪杰也。

白岩松说里约奥运开幕

年岁既久，则出神入化，若庖丁解牛，恢恢然其有余也。

白岩松，东胡人也，业主持，雇于中央一套，能以辞动人，早岁闻名天下。白生每言语时，好为学士深思状，视水生之轻佻，则为雅；较崔生之野放，则为拘。高雅而拘，契乎央视之风。

近岁多忌讳，白生虽老于江湖，亦偶触忌；又有何生、谢姐、汪公子，新人咄咄，旧人彷徨，白生进退无据，诚所谓中岁危机也。

白生愁极，思所以溃围。

丙申岁，立秋前，里约奥运，央视三套皆播。白生主持十三套，偶可戏言，白生曰：『吾之转型，此时也。』

大会于里约，诸国壮士猛女，皆负旗列阵，盛事也，白生为之说。

神州壮士来，遍体盔甲，色皆红黄，白生曰：嗟哉，此诚番茄烹鸡子，勉为其难也，然吾邦之人学烹，以此肴始，此肴有深意，或曰为人当卑恭。吾则不然，他日奥运，吾国人当狂放些许。

白生此言，深哉，神哉，吾国奥运衣饰，一岁不如一岁，诸般陋丑，实不忍言。

俄而，名姝邦辰见，虽岁已三十六，然容姿皆动天下，凌波微步，罗袜无尘，游龙惊鸿，春松冬梅，虽亚马孙雨林之繁茂，不能仿佛其一二。白生曰：邦辰也，姚明也，皆猴也，此二人皆长于身，亦长于财。诚妙譬也。

又移时，球王见，白生太息曰：球王古稀已过五，新娶娇妻猛如虎。不见月余多憔悴，寄语殷殷珍玉躯。

巴西以青春之姬为导，人皆乘小车，轮三，白生曰：此吾国之物乎？何以见于此邦？彼女子之车，掉链乎？呜呼，虽曰家贫，亦度此岁。巴西乏财，其志可嘉。

东瀛阵来，白生曰：福原能说东北话，其夫又说台普话。将来育子多踌躇，到底要学什么话？

美利坚阵来，白生曰：美利坚人多狭隘，目中只有本国菜。本国过后掉头去，或如厕兮或换台。

英格兰阵来，白生曰：英格兰人多实在，办事从不靠等待。澳设水管争未已，此国已有活水来。

卢森堡阵来，白生曰：此国夜不闭户，路不拾遗，慎语，愧死东道主也。

汤加阵来，白生曰：此国风俗似盛唐，以肥为美近改换。目睹一人肥依旧，依稀或是父母官。

塞舌尔阵来，白生曰：此国风景胜似仙，于我神州能免签。可惜此事非独美，天下万国皆免签。

列支敦士登阵来，白生曰：一张邮票养一国，可惜岁月多蹉跎。如今网路遍天下，吾忧此邦怎么活。

巴拉圭阵来，白生曰：此国太平万万年，干戈不用天下羡。偶来争锋有一国，敌国东道在眼前。

开曼阵来，白生曰：滔天财富何处保，避税逃赋此处好。九州富豪何处去，吾疑相聚在此岛。

玻利维亚阵来，白生曰：此国政府最实际，得奖就能发钱币。忽有壮士泪滂沱，想必获金寻常事。

索马里阵来，白生曰：大盗横行扰世间，诸国为此愁肠断。能有一人来奥运，此邦便少一恶汉。

刚果阵来，白生曰：噫吁唏，此壮士之国也，单手擎旗，孔武哉有力。

土库曼斯坦阵来，白生曰：异哉此衣，可得一金。

几内亚阵来，白生曰：昔日出场次东道，今日出场迟迟到。也门若按笔画算，出场当列第三号。

爱沙尼亚阵来，有三胞胎共赴马拉松，白生曰：三子同时生，且又共母胎。各自跑一段，以为一人来。

吕宋国来，白生无言，有用意也。

白生擅辞令，虽有万国，则有万舌，应付万端无有穷时，闻之者不厌，一时传神州，天下以为有趣。

太史刘曰：

白生能有此，盖得之于读书与历练，年岁既久，则出神入化，若庖丁解牛，恢恢然其有余也。

今之天下，旧媒老矣，旧媒人尚能饭否？盛名如白岩松，亦思变通，且游刃于忌与不忌之间，求其生路，用心如此，吾辈能不奋发哉？

谢百三传

百三之言，或宜或不宜，然千人之诺诺，不如一士之谔谔，唯以谔谔。

谢百三，复旦大学堂学士，主经济，晓股市，形虽羸弱，性实质直，言之谔谔，不容阿谀。其以敢言而名，天下人初闻其言则怒，然熟虑之，则以为然也。若楼市之任公。

近岁楼市若黄河之水天上来，汹汹不可止，昂昂不可遏，众生皆曰：『危乎高哉，吾国楼市，若不力遏，则为齑粉，国势休矣。』百三不然，独曰：『楼市者，国家之栋梁，天下之砥柱。栋梁若朽，砥柱若摧，则国不复国，天下倾动。君不见香港乎，君不见东瀛乎，一旦楼市瓦解，则大江东去，难乎其振。』

人闻此言，皆共愤怒，欲诛之者众，然百三不挠。

百三于股市，能为发聩之音，宜或不宜，皆能亢言。

乙未岁末，司股制置司为诛杠杆，借得海外神剑，曰熔断，奈何尚书轻于杀伐，三日两用，一时哀哀，陈尸百万，望断天涯，血流漂杵。百三曰：『呜呼，熔断乎，魂断乎？』乃携贤达，叩尚书之门，欲往内阁请命。其时乃罢尚书，封熔断于兵库，其事方休。

丙申岁秋，司股制置司有新政曰赈贫令，其令曰：『穷边贫郡，欲登股榜，皆有垂悯，较富郡州则有优先。见报见审，须臾可成。』

其时沪深跌宕，百三寝疾，闻令，惊起，曰：『此误天下者也。』欲提笔翰，然疾作，不能书，乃命弟子代为书之，名曰《望月哭股市》，择其精要录之，如下：

中秋月圆，金樽莫空，忽闻新令，股市板荡。呜呼哀哉，指数沉糜，去尚书践职之初，如在咫尺。

何谓金融？思无邪也。以币对币，岂容杂念？哀我小民，一万万四千万之众，节身上之衣，抠口中之食，虽一介蒜苗，半杯酒醋，亦争以锱铢，何哉？以怀中区区，谋股市升斗之利，居然亏蚀，情何以堪？

以水利之术，执金融之枢，以空学之徒，践资本实事，慷穷乡之慨，塞富郡之途，必至事多壅堵，吏多刻薄，问他日如何，呜呼嗟呼，吾不忍闻，吾不忍睹。

新令之出，源头何在？吾上穷诸子百家，外索英美日法，不得其要领。细思之，不过矫自身之情，伤他人之利。看今日之域中，吾但见乌云压城，月迷津渡，战马悲鸣，乌鹊盘桓，二千八百之旗，已于城头摇曳。

职于一司，造福一域，不能则止，或鬻红薯。君若怜贫，可自赈之，奈何以我血哺彼。慎之，慎之！

书上，言辞激越，机锋犀利，天下皆闻。

亦有学士驳之曰：『两股之荡，非赈贫使然也，年线使然也，打新升限使然也。夫以一国之大，损有余以补不足，自然之势也，谢公莫为惊骇之言。』

其事如何，静观。

百三重股市，尝为辞曰：『君若彷徨不入市，虽保一时之平安，然终身富贵不可得。』

书上不过月余，百三死，寿六十八。

司股制置司尚书，不嫌百三激越之言，乃致哀辞曰：百三能直言，吾深受益，百家争鸣，吾之所崇，今死矣，魂兮有归。

太史刘曰：

百三之言，或宜或不宜，然千人之诺诺，不如一士之谔谔，唯以谔谔。能得真言，能得真情，天下之要，在于真而已。舍此皆是锦绣皮毛，然哉，然哉！

中国赋

中国若无我，何以为中国；我若无中国，我何以为我；天生我材必有用，天生我国必为强。

噫嘘嚱，冕服华章，山河堂堂，天造此国，天造此方。

名曰中华，威赫炎光。其命唯新，谁曰旧邦。

凿黄河长江兮滔滔，逝者如斯，三万里川东入海。

铸昆仑珠峰兮巍巍，高山仰止，九千仞岳上摩苍。

忽而横断西南，金沙咆哮多任性；忽而十里桂子，西湖晴雨皆相宜；

忽而滔天白浪，魏武挥鞭临碣石；忽而纵马阴山，敕勒草低见牛羊。

我欲为君截断三峡，君亦为我直捣黄龙。

我欲为君痛饮洞庭，君亦为我泛舟鄱阳。

关关雎鸠，一卷《诗经》；青青园葵，一纸乐府；武陵渔人，一梦魏晋；春江花月，一部大唐。

孔子曰：不亦乐乎；孟子曰：民贵君轻；墨子曰：兼爱非攻；老子曰：天道非常。

屈原曰：上下求索；太白曰：银河九天；易安曰：绿肥红瘦；六经曰：变通则强。

孙武曰：知己知彼；陈汤曰：虽远必诛；玄奘曰：誓得真经；郑和曰：南下西洋。

蔡伦曰：渔网为纸；张衡曰：陇西有震；葛洪曰：火法炼丹；毕昇曰：活版为王。

文武之道，张弛疏导。江海百谷，有容乃大。周王听百工之谏，齐威容市人之论，郑子产不毁乡校，唐太宗能纳异议，赵匡胤立誓约碑禁杀，徐光启以科学家入阁，亦尝为开明之邦。

惜哉洪武忌光则之谐音，康乾惮清风之识字，遂使道路以目，民智残伤。

又上古洪水滔天，沧海横流。鲧死禹继，疏浚九州。不效挪亚区区，只营一叶方舟，但顾一户逃生，乃身为天下之范，躬自辗转沟域，三过家门不入，甘苦万民与共，自古皆重担当。

嗟乎，夏商周秦之铸造，汉晋唐宋之经营，金元明清之汇集，忽逢三千年未有之变局，圆明园劫后赭垣，台湾岛至今悬隔，海兰泡半夜屠屯，南京城白骨蔽江。雄鸡固然壮美，岂忘当年沃桑。

天下沉溺，拯之以道，我以我血，荐彼轩辕。林则徐祸福不避，左宗棠抬梓新疆。

鉴湖侠秋风秋雨，孙逸仙仍须努力。或曰：一寸山河一寸血；或曰：遍地英雄下夕阳。

今逢神州尽舜尧，我乃神州一匹夫。读书只为稻粱谋，功名事业皆茫茫。

我欲迁兮澳洲，居彼流沙千里独彷徨。

我欲徙兮加国，居彼冰雪无垠自忧伤。

陟升皇之赫戏兮，忽临睨夫旧乡。

虽愚狂兮不能用，然眷此华夏之疆。虽贫贱兮不能移，然恋此父母之邦。

中国若无我，何以为中国；我若无中国，我何以为我；天生我材必有用，天生我国必为强。

中国，中国，吾之国邦！爱尔春来江水绿如蓝，爱尔白日依山上层楼，爱尔登临泰山一览小，爱尔老夫聊发少年狂。

教师节赋

开辟鸿蒙，谁为情种？教师也者，第一情种。

开辟鸿蒙，谁为情种？教师也者，第一情种。
痴恋几个学生，囊中不多一文；栽种万千桃李，赢得袖里清风。
当年相杀相爱，回想泪眼朦胧。
我在城头观景，忽闻群马嘶鸣；寻声遥望楼台，汝等闹意最浓。
看我玉容做甚，我额岂有天文？低头看书做甚，解药不在书中。
凝神黑板做甚，岂不有书在手？我育龙凤万千，汝等这届最怂。
你恨我铁不成钢，我嫌你嗡嗡如蜂。
你恨我冥顽不灵，我嫌你啰嗦冬烘。
短短三五言，从秋讲到冬；浅浅七八页，听到我耳聋。
最后题一道，讲完即下课；误你一小会，分在此题中。

听楼上，欢歌踊跃，思觅曲云边，子曰：音乐老师有事。
观窗外，佳木葱茏，欲寻芳水滨，子曰：体育老师没空。
我在教室尾，君在教室头，相隔有楚汉，以为君懵懂。
忽然天兵降，擒我如擒贼。君有千里眼，知我读金庸。
每为作业烦恼，长为考试焦虑，闻君但有一言：大学你就轻松。
每恨工作辛劳，每恨囊中羞涩，发尽千般牢骚，转身依旧开工。
呕血恋恋一群，徒然自己伤神，惨淡经营三军，曲终人散飞鸿。
琐琐碎碎，点点滴滴，朝朝暮暮，林林总总。
人间几度，佳节又逢，两句虚言，优惠则空。
编制屡易，绩效紧绷，高阁神坛，东西北风。
国无良师，则无良才，良才何觅，看我师宗。

乱曰：

岁月有如杀猪刀，君自横刀向天笑。笑也不争春，待到春来报，锦绣丛中，君功翘翘。

魏则西传

吾儿事，非欲寻仇某君某系，愿天下苍生寻医时，莫为魔障所困，生死事大，慎之。

魏则西，少年也，负笈西安，修计算机。有志，尝曰：『吾好学，欲废寝食，每日精进，四载之后，君等见吾于美利坚。』

然，天不假年，大二，染恶疾，曰滑膜肉瘤。家中唯此子，父母忧急，访南北名医，皆曰：无治。求生不能息，求医不能已，乃寻它千百度。忽然海上见仙人，仙人名曰李，金乌军医也。访之，仙人李曰：『小子逢我，疾可愈，吾有神器，曰免疫疗法，此西牛贺州不二良方也，以此法攻疾，可续命二十载。』

则西亦惑，复查览仙人李消息，京师州郡皆有名，皆曰良医也，则西喜曰：『吾逢神仙，有救矣。』

所需金二十万，家贫不得，乃募，得金如数。

则西者，诚信人也，矢曰：『吾疾若愈，当远游谷歌、微软，得金以报告恩公。』

然，罔效，魏生寝疾，不治。丙申年公历四月十二日晨，死，寿二十一，或曰二十七。

魏生父母尝质之神仙李，李曰：『岂不闻概率乎？』

魏生死，有太史孔狐狸者，疑其事，见则西遗文于知乎，乃探幽索微，得其中悲惨事，方知则西寻它千百度，误入莆田妖境，身死，且费金甚夥。

孔狐狸布之于天下，天下沸然，虽删帖千百度，然魏生之死，南北皆知，南北皆哀，南北皆愤，南北皆惧。

千百度欲熄物议，张榜曰：『魏生死，固然悲，然所就医者，有度牒在，不得为非法。』无何，罢副节度王生，然物议未尝熄。

有医者曰：所谓免疫法，诚然有，然已沙淘矣。美利坚有医曰：斯塔曼者，患恶疽，命不过一载，乃自为此方，延命四载，亦死。

魏生父母，厚道人也，曰：『吾儿事，非欲寻仇某君某系，愿天下苍生寻医时，莫为魔障所困，生死事大，慎之。』

然，天下魔障多矣，或化为神仙，或化为名医，或化为诸侯，专伺人间病苦，设魔镜于世，镜中仙人世界，诸多神药，能已百疾。世人保命急，误入，则黑云血溪，恶鬼夜叉，不尽其金，不尽其命，则不得休，所谓无间狱也。

太史刘闻，悲之曰：若魏生者，良家少年也，若无此疾，成婚生子，寻常生活，老死于城市，葬身于春光，不闻达于诸侯，不显贵于青史，此其幸也。然不幸染疾，又不幸逢妖，辗转而死，名闻天下，诚可恸也，诚可哀也。

今人多曰珍惜眼前人，然，天下苍生皆眼前人也，皆可珍惜也，若得人人皆视彼此为眼前人，则此世界为眼前人世界，人间仙都立至，勉哉，勉哉。

王石传

王石者，万科乎？万科者，王石乎？

王石，皖人也，辛卯年生于柳州。父伯征战有功，天下定，各有委任；其母辽东锡伯人也，石姓。王石多姊弟，其于子中为长。

丙午之岁，天下大变，少年逐放，荷锄垦屯，王石辗转，命运类蓬。或躬耕穷野，或戍边西域，或受雇郑铁，终负笈兰州。学毕，雇于广铁，娶妻生子。

王石年少事，不足道也。某岁，贩粟米，得金三百万。辛未岁，万科挂牌，业地产，王石节制。历八年，辞经理，为董事长。

王石者，经营之才也，行事多士大夫风，无官僚气，清俊疏朗，上下皆劝。万科于地产，执牛耳。天下皆曰：『地产莫盛于万科，万科莫离乎王石。』王石者，万科乎？万科者，王石乎？

然事不可解者，王石于万科，不得尺寸之封，唯每岁领俸，若一佣工。左右曰：『王公虽廉，奈何不封？董事之忧，不在经营，乃在财不称位，他日有变，危哉。』王石曰：『吾在，谁敢。』

王石风流，好登临，尝上珠峰而小天下。亦为红颜烹肉，红颜者，田氏也。

王石每岁云游。或问王公所在，则曰在瑞士高山，云深不知处。当时王公意在邈远，瞩目山水，以为大事既成，天下不足忧也。

然，天下最足以惊惧者，名为治平无事，而其实有不测之忧。王公意在白云间，变忽起。

乙未岁初，有枭雄曰宝能者，猝然至，下万科数十城，汹汹然有问鼎董事之志。宝能寨主，乃姚生，用兵精狠，起于闾里，贩菜之徒，数年富贵，不知其所来。

王石惊，夜见姚生。

姚生曰：『慕王公久矣，今日得晤，幸哉。某尝为小子，引车卖浆，贩菜闾里，以智与力，得江山如此，他日若与王公同列，天下不足平也，王公有意乎？』

王石怒曰：『咄，狂哉姚生，不足同论，若入万科，万科危矣。』

王石斥詈百端，姚生不过笑曰：『然，吾多金也。』

王石既拒姚生，宝能复起师，或传语姚生曰：『王公谓君为犬。』姚生怒，曰：『吾必得万科而后快。』

万科诸将持股零碎，部曲单薄，不能阻宝能，一时城池沦陷。姚生之用兵，狼群术也。其驱前海人寿、钜盛华、安邦为前锋，衔枚暗进，分路而前，蚕食股份，不及半载，万科河山，宝能为尊，众将束手，震骇而已。

王石叹曰：『蛮夷入我室。』

万科惊惧，王石见主，其主华润也，王石曰：『事急矣，不得主公一卒之助，奈何？』华润曰：『吾居魏阙之高，岂得随意。』俄而又曰：『君不能容宝能乎？』王石曰：『主公麾下有置地者，吾借师以拒宝能，可乎？』华润曰：『不可。』

王石不以为意，聚麾下而议曰：『当今事，莫过悬免战牌，吾欲借师拒敌。彼宝能以杠杆借师于众，债息高于天，日久必危，吾借师而来，彼死期在即。』麾下泣曰：『王公保重，吾等日夜候援师之至。』

翌日，万科悬免战牌，其股大涨。

既曰借师，然王公以为无虞，欲渡海往欧洲。有华生者，大学士也，列万科独董，攀王公车辕，谏曰：『虎狼环伺，家有大难，王公岂可远游？』王公笑曰：『吾身虽在海外，然意未尝不在诸君左右，有事，烽火可也。』绝尘去。

丙申岁，夏，王石返，言于诸将曰：『吾借师深铁，购其麾下前海，可驱宝能，然乎？』时有董事十一，可者七；华润所置独董三，皆否。

王石既借师深铁，志气盈满，欲有大为，然变未已，华润忽曰：『万科无礼哉，去岁，尔聚谋，尔停牌，吾皆不知，甚轻吾。借师，可也；然诸事擅行，不可。』

王石所患者，宝能也，不意华润震怒，乃夜不寐，披衣彷徨，仰天长啸曰：『吾欲与君执手，君居然相弃，君今与狼子为伍，剪阙万科，天欲雨，母欲嫁，奈何？』

华生乃为长文曰：万宝之争，今日居然华万之争，世事无常如斯乎？华润宝能，已合谋万科乎？华润欲保伯主之位，不惜与宝能共谋。文中所言，多涉机密。

长文未已，宝能檄文至，曰：『王石也者，尸位偷禄。不谋其事，每岁云游。无尺寸功，年薪半亿。无尺寸职，擅自专权。猖狂如此，群情不容。今我倡议，驱除此辈。』自王石、郁亮至于诸董事，皆在不赦列。华生亦不免。

辞气厉，杀气烈，俨然若列战犯，见之胆寒。

王石乃集诸麾下与股东，夜谋其事。

问曰：『王公辞乎？』

王石曰：『吾天命未休，若辞，郁亮其继。』

问曰：『君言姚生蛮夷，有乎？』

王石曰：『此非本意，然吾可长谢乎姚生。』

问曰：『君做空万科，为君与田氏事也。』
王石笑曰：『君妒乎？』
答曰：『吾如此，惧君以田女分心也。』
万科免战牌未摘，复牌日近，生死如何，姑且待之。

本文截至二〇一六年六月二十六日

上海父亲丁尚彪日本打工传

丁尚彪，上海人，五〇后，少年逢乱，削沪籍，落皖为农。彼时不足弱冠，日作六时辰，不得果腹，饮雨水，历饥寒，又遇上海女子陈忻星，遂为夫妇。

乙未年，天下反正，沐国恩，返上海，当时离去，青青少年，十年归来，落魄老农。不得跻士人之列，莫敢登青云之巅，怅怅不已，恨不逢时。

某日行巷中，以五文购一纸，书曰北海道收中华学子，遂曰：『吾欲跨海东瀛去，读书不负青云志。』然学资不薄，计日元三十五万，夫妇十五年之薪也，乃辗转筹借，竟然如意。乃东去，彼时有女，曰丁琳，尚幼。琳者，光明也，有所寄托哉。

尚彪既至东瀛北海道，问学堂所在，乃在番外之地，曰阿寒町，去东京两千里，荒草萋萋，兽多于人，尚彪惊曰：『此非人间也，何以召我？』土著曰：『吾乡渺人烟，召汝来，以实户籍。』尚彪曰：『吾欲行，不得驻此。』土著不可，囿尚彪。

一夕，尚彪窥守者懈怠，乃负细软，孤灯夜奔。月黑风高夜，尚彪夜遁逃，未得轻骑逐，霜雪路迢迢。至驿站，车马已稀，尚彪大惧，有车已驶，乃疾走及车，翌日，至东京。

然已失版籍，东京不得安身，思所以存身者，佣工也。

乃以微贱之躯，奔走巷闾，佣工店肆，朝则洒扫商场，午则剪除大院，暮则烹饪酒肆，每逢差役，战战兢兢，惧其囚遣。

赁一蚁居，不得伸肘，以其价低也。苦无沐浴处，以膜周匝室中，淋水其中，浴毕，无涓滴之漏。其妻自上海寄书，问曰：『读书既不成，君可归来乎？』

尚彪答曰：『事不成，不可返，吾与汝有女，可栽培，彼若成器，则吾门第可转贱为贵，虑此，吾岂可返。』乃矢不返，以佣工之酬，积为爱女负笈海外之资。身自刻苦，所食皆糟糠。又惧年长为人所弃，乃修技艺，得技工籍者五。

丁妻陈氏在沪，虽有怨，然能忍，与女居斗室，钱不妄用，俭以持身，茹苦以图他日。

尚彪在东瀛，思妻女甚，乃借电台点苏芮名曲《执子之手》，权当鸿雁，谓丁啉曰：『吾女长成乎？修习刻苦乎？汝若有懈怠时，若有疏忽时，可思此曲，且发奋，莫辜负少年时。』妻与女闻之泣下。

奄忽八载，女已长成，学业大佳，入纽约州府大学堂，乃借道东京。机场与母别，母欣欣笑，甫背身，乃泪下，曰：『吾于斯处送夫，今日又送吾女，一家三人，散在三国，岂不痛哉！』

尚彪无版籍，乃盲流也，不得入成田机场，乃约见于日暮里。

日暮，父女相见，父曰：『噫，吾女有白发矣。』女曰：『无碍。』

父曰：『噫，吾女体肥矣。』女曰：『无碍。』

父曰：『噫，吾女眼睑易容矣。』女曰：『无碍。』

尚彪所道皆家事琐碎，不言艰辛。

丁啉见慈父，头童齿豁，颓然而老，痛惜，谓父曰：『女已长成，自能营生，严君归国，可免劳作。』

尚彪摇首，曰：『吾在海外久，不习故国矣。』其实，不过欲为女营生耳。

父女相聚，不过半日，又离别，送女往机场，皆登车，无言，唯泪涟涟。父下车，立窗外，泣；女在窗内，掩面，泣，默默不得言。

陈氏在上海，亦思女，投书欲往彼岸。每岁再投，历五载，方如愿，亦借道东京。夫妇不得相见，十三载矣。

聚于东京，感慨系矣，往昔别时尚壮年，今朝相逢，白发衰颜。修我斗室，理我床褥，旲音媚好，尔汝无猜，依稀恩爱来归，犹记鸳鸯旧事。往岁临别，赠以新婚床枕，今日敷展，如在昨夕。

夫妻聚三日，又别，登车无语，唯泪滂沱。陈氏曰：『吾夫在东瀛不归，妾亦有怨，今见其顶上已稀，口中牙豁，又不忍。』且言且泣。

丁啉在纽约，不忘父母艰难，寒窗苦读，朝夕不倦，有成，居彼岸，为医者。

女儿既成，尚彪歇肩，十五载矣，乃思故国，临别，往北海道阿寒町，循旧时逃遁路径，至旧时房舍，见蒿莱满户，虫鸣啾啾，途皆白发，满目凄然，乃曰：『此处欲留吾，亦诚心也，然吾遁逃，亦不得已也，今别，且长谢之。』乃鞠躬。

尚彪归来，白发垂垂，故里相见，皆话沧桑。闾里曰：『丁尚彪有志，吾邻里楷模。』尚彪曰：『吾有何能，不过为子女尔。吾为家长，当思治一家；且一国之君，当思治一国，如此尔。』

后数载，女儿婚嫁生子，尚彪与妻赴美，长居于彼。

丁尚彪事，久而闻于沪，又闻于神州与东瀛，自朝廷至于乡里，自海内至于海外，皆感其事，皆感其志，一时为天下励志师。

太史刘闻而感慨，曰：

丁尚彪，寻常人也；丁尚彪事，寻常事也；为子女谋，寻常志也。然寻常人能怀不寻常梦，跨海去国，身寄异邦，勉力为之，十五年不懈，居然能成。虽无公卿之贵，王侯之富，然亦卓然立足，门第一新。则彼非寻常人也，非寻常事也，非寻常志也。

若人人皆得有梦不废，则此国度为非寻常国也。

嗟乎，尚彪所长，坚强也。人不坚强，天地不容。

特朗普就职演说

今日交替，唯道是从，国为何物，事民而已。

丙申冬，美利坚时辰，西历元月二十日，川普即位，告天下，其辞曰：

吁，廷尉罗伯茨公，太上卡特公、克林顿公、大小布什公、奥巴马公，凡我美利坚民，寰宇之民，深谢感激。

格尔众庶，咸与吾邦，重塑社稷，再造河山。今日来聚，长远是念。昊天不吊，唯艰是遇，然能矢志，以毕大业。他日再逢，四载是期。

奥巴马公及后，慷慨恩赐，小子何德，谢恩不暇。

今日大典，岂在更替，厥道久失，乃归我民。

吾国失道久矣，群小弄权，恩不及民，华盛顿有冻死之骨，华尔街多酒肉之臭，在位者不谋其民，乃自谋富贵，致百业凋零，民生涂炭，尔富尔贵，与民何干。

今日交替，唯道是从，国为何物，事民而已。

呜呼，民之沉溺久矣，母子不得其食，百工不得其业，熙攘之地，生离离之草；穷滥之徒，有汹汹之志。遂使少年饮恨，不得栽培；庠序蒙羞，不得教化。

嗟尔众生，民胞物与，尔梦即吾梦，尔痛即吾痛。既共此居，当生同心。

数十载来，政何谬也，瘦吾以肥他邦众氓，削吾以壮异国三军。金银如山，乃成邻人富贵之资；工坊如林，徒为自家萧条之堵。

俱往矣，试看他日。

今集于斯，其命唯新。广覆郡县，远被南北。

贸易赋税，使节往来，不得悖吾民之利，岂可坏吾国之疆？万方莫有偷怠，百姓莫生侥幸，吾将弃无用之恩惠，以广修路桥房舍。天下有利，利在我邦；我邦有利，售在天下。

嗟哉万邦，吾将示好。

吾为吾国，不涉他邦；旧友不弃，新朋亦欢，凡我同盟，携手歼恶。

昊天有言，同心断金。大度虽能容异己之言，然众口之嚣嚣，莫若上下一心。吾国若能一心，天下莫强。故有任命，当去虚华，必用能吏。

空言不合当下，实干正逢其时。

莫惑于妄自菲薄，当从于砥砺奋发，大业必成，国邦必兴。

试看他日之世界，将上穷宇宙之妙，下祛黎民之恙，远驱运用之新，近怀报国之诚。人不论肤色，皆为赤子；民无分地域，皆同梦想。昊天上帝，实吾所宗。

遐迩万方，必在吾怀，念兹在兹，岂敢相忘？

民之喜恶，将定社稷，民之勇怯，将道国祚。必兴吾邦，同心戮力。深谢诸君，昊天佑我。

丙申冬美利坚时辰辰时，东土太史刘志。

太史刘曰：

观特朗普之言，虽曰感奋，且曰还政于民，或有大平？然曰国之衰颓，责在他邦，以狭隘之志，量天下之广，或将以上下一心以拒纳言，又要台独宵小以自壮，呜呼，又何其蹙也。

姚明传

虽高若泰山，然自处卑渠；虽浩若东海，然自居浅溪。故国家敬之，众人仰之，其能获方面之任，非偶然也。

姚明，上海人，庚申岁生。父母皆长大人也，役于篮球司。至于明，长大尤甚，以汉制论，则长丈余。

明以少年，披甲为国家战。不过弱冠，东土及亚细亚无出其右者，以扣篮、篮板、压顶三绝横行，仰之若泰山高拔，倾之若华岳将颓。行于道畔，一览众人皆小；危坐室中，但愁高楼触额。逢之者莫不避，可谓飞将军也。

时，篮球之正朔，在西牛贺洲，武举及第，点将封侯，皆由西洲。壬午岁，明以武举状元及第，拜休斯敦郡火箭军？

明欲西行，有司曰：『君可往，然朝廷有事，军帖点将，君急急如令，不得有误』。明曰：『谨奉命』。明乃渡海，遥之西洲，役于火箭营，为中军将军。

初战，与步行军竞斗，鼙鼓振振，旌旗猎猎，明披甲临阵，虽有虎豹之质，然不习西洲水土，茫茫兮不辨行阵何在，惶惶乎岂知敌军所居，无尺寸之功，贻无穷之讥。

七战皆北，超音速中军杰罗姆见姚明之狼狈，遥笑曰：『彼盔甲不整者，姚明乎？吾必辱之。』

明闻之，默默而已。

明知耻，砥砺发奋，未及侵晓则起，驱车至营，习投掷，人一之，己百之，数月，勇猛精进。

巴克利甚轻姚明，尝笑曰：『此公若得斩首十九，吾则以唇吻贴驴臀。』

是岁，火箭战湖人，明鹊起，非复吴下阿蒙。翱翔盘桓，突陈斩将，群雄酣战之际，忽有掌大如簸箕，自天外来，夺球去，视之，有天王托塔立九霄云中，众不能及。彼天王者，姚明也。战未毕，斩首二十。

巴克利愧，引驴至，以唇吻贴驴臀。明笑曰：『惜哉，吾若斩首三十，则彼以舌舔象臀也。』

明既立威，乃居良将之列。

己丑岁，战波士顿。彼时绿衫军得志猖狂，前岁尝诛火箭于阵前，余威犹在，且骁将麦迪伤不起，左右临敌惊惧，明曰：『无惧，今日恶战，当破楼兰而归，吾在左翼，敌若攻我在左，则诸君右进；若敌攻右，吾则以身犯敌，引敌解围，可乎？』众将曰：『诺。』

战兴，敌曰：『左翼姚明骁勇，吾等避之，攻右翼，则可如意。』乃集师攻火箭右侧，铁蹄杂沓，势若风雨，阵几近于崩，众曰：『将军救我。』明奋起，以身陷敌阵，遍试诸营，手射十三矢，或贴身引弓，或隔山远掷，其矢穿云破石，杀十敌。绿衫军大坏，波开浪裂，阵前摧颓，火箭军拔寨而进，大获。

明长躯，好以泰山压顶，敌皆夺气。某日，猛鲨奥尼尔酣战，正得意踌躇，忽有金刚自云霄至，凌猛鲨之顶，夺球逍遥去，且谢曰：『承让』，猛鲨视之，乃姚明也，曰：『君亦能吾国之语乎？』明笑曰：『然，君甚轻吾，三年不与我语。』英雄对笑，遂为知己。

休斯敦民皆敬姚明。某夕，明饮于高楼，毕，欲偿酒资，店翁曰：『隔坐老媪已为将军偿。』明长揖欲谢，老媪止曰：『将军为休斯敦战，老身但以杯酒相报。』明低徊久之，曰：『甚愧杯酒之恩。』

明身荷家国之恩，不欲两负，每有征召，朝命夕至，使于秦楚之间，从无滞淹。雅典奥运，率师征战，为天下八强。其为人也谦冲，战战兢兢，虽不负如来不负卿，然则负其身，久之，伤矣。

戊子岁，伤足。初，不过微罅，然久而不愈，居然成疾。国家闻之，责休斯敦曰：『尔等不惜我良将，役使过度。』休斯敦亦曰：『姚将军为我用，尔又隔海召，疲于奔命，焉得不伤。』

指摘未已，然明已伤，无可奈何。

北京奥运，众企望姚明，候于京师，曰：『将军伤矣，恐不至矣。』俄而，姚明归来，忍伤笑曰：『吾归矣。』众且跃且泣。

明能审势，不触众怒，欲退，则缓缓图之，不若飞虎将军翔之猝然而止，负天下骂名。

伤已三年，至辛卯岁，告天下：『吾伤，不复能战，别矣。』天下亦不惊。

明既卸甲，为光禄勋，又为中华篮球谋，多有力焉。且善经营，有陶朱猗顿之富。

娶妻叶莉，长人；生女，亦长人。

丙申岁，西牛贺洲以姚明多功，能成中华与美利坚之好，名列凌烟阁，与奥尼尔同殿言欢。

岁末，又悬战甲十一号于休斯敦。

丁酉岁，忽有命，以明为篮球司侍郎，今曰主席，曰姚主席。

太史刘曰：

明之神勇，不如乔丹、科比，方之蜀汉，关张之下，廖化之前，然亦一时良将也。

明之所长，篮球而外，能忍垢全名，守节谦抑，激流勇进，全身而退，负两国之重，使两国之命。

虽高若泰山，然自处卑渠；虽浩若东海，然自居浅溪。故国家敬之，众人仰之，其能获方面之任，非偶然也。

姚明之任方始，太史刘之笔不休，来日方长，春秋方盛，姑且待之，姑且待之。

周有光传

佛曰三世，则周学士一生尽三世之用，一世为经济，一世为学士，一世为文人，尽三生三世去，非死也，乃登仙也。

周有光，常州人，光绪三十一年生，十岁迁姑苏。家贫，好学，十七岁以学优为圣约翰大学堂所录，然短于资，愁极。有光有姊，与同僚朱毓君言之，朱氏曰：『登圣约翰之难，难于科甲状元，岂可失之交臂？』朱氏言于其母，亦叹息，朱母有奁资，倾以助有光，故有光得以入学。

有光修经济，其志亦在经济，以为欲有为于天下，非经济货殖之途不可。

时有庐州女张允和，负笈上海，其淮军名将张树声之裔也，张家有四女，允和为仲。有光识允和于沪，遂有意焉。

某夕游江畔，有光携一卷，乃莎翁之《罗密欧与朱丽叶》。卷中置一签，签所在者，有辞曰：『一吻赎罪。』允和乃知有光之意，汗涔涔。有光为人周全，以巾与之，遂执手。允和欲坐，有光再以一巾铺石。允和笑曰：『君此物何其多也。』有光笑曰：『以卿在也。』

有光以书贻允和曰：『吾欲娶汝，奈何家贫。』

允和复书曰：『与子执手，贫则何忧？』

遂娶张允和，允和名门，然以庶人礼行婚。虽有华袍玉簪不用，示以布衣。

逢干戈四起，有光为小吏，效力农司，辗转南北，或飞舟大江，或奔走流沙，疲于奔命，遑论定息。育儿女，女死子病，哀何如也。赖以相濡，得忘江湖。

己丑岁，天下更替，有光夫妇游美归，不弃神州，居焉。

神州自仓颉造字，屡有改易，至楷书出，始定规模。又至于晚清，诸公曰：『误我中华者，以字之难辨也，今欲弃方块而用字母。』胡适、鲁迅诸公皆然之。梁启超等则欲延拉丁字母，以注我字，谓之曰『切音字』。

至国初，万象更新，集天下通小学者诸贤于长安，欲更造文字，胡愈之延有光，上书，允之。

时有光所学欧美经济，不得用于天下，郁郁居室，闻魏阙召，彷徨曰：『吾非小学训诂之辈，焉能造字？』俄而又叹息曰：『自恨不得用，今有召我者，我不往，则我之过也，往哉往哉，遂我之志。』乃往。

有光通音律，识字母，既奉命，乃与群僚日夜精思，以拉丁字母就方块行楷，虽相去万里，牛马不及，然以学力强为之，殚精朝夕，居然能成。事成，留京师。

彼时，有光半百矣。

汉语拼音既见世，或赞或贬，然此物之用，使文字可识，虽闾里乡野，贩夫走卒，能脱白丁之惑，亦近斯文之堂，他方世界欲识我文明，皆由斯径，诚然居功也。

某日，路逢季羡林，季公曰：『有光前，吾有言。』

有光曰：『但闻君言。』

季公曰：『自文字肇造，中华始光，凡五千年礼乐，皆在方块，今割裂隶篆，粉碎行楷，爱无心区无口，则五千年斯文毁裂，商周荡然无存，汉唐憔悴失所，使后人不得识前朝文化，罪过罪过。』

有光曰：『仓颉以来，字皆更替。由甲骨而金文，而大小篆，而隶书，而楷书，此诚字之由繁而简也，则何朝不简，何时不易？神龟虽寿，其字难书，其书虽简，其意犹存。使天下皆识我文字，何乐而不为？』

二公皆不能服，驱车去。

有光多寿，百岁犹得著书，其文浅白，其意深广，于魏阙，于当下，皆有所用意。早岁游美利坚，且所学乃西欧，故未尝不以当年之学为怀，文多不平，是非颇异。

与妻缱绻，逢暮，必举杯相邀，杯则齐眉，戏曰『举杯齐眉』。允和死，九十三，有光吊影，不复卧寝，居伉俪举杯处，合椅为床而眠。

丙申冬公历一月十三，有光寿，戏曰：帝不召我魂，遗我哉。

帝闻于天庭，乃遣使招魂，翌日有光死，年一百一十二。

太史刘曰：

佛曰三世，则周学士一生尽三世之用，一世为经济，一世为学士，一世为文人，尽三生三世去，非死也，乃登仙也。

故读书者，神仙之事也，可以忘忧，可以有为，可以免祸，可以得妻，可以多寿，何不读书？吾以周公证之。

阿Q传

阿Q愚，服罪，以笔画圜，惴惴，唯恐不能。

阿Q者，山阴人也，籍邯郸，赵惠文王七十代孙，秦灭赵，子孙一枝南徙至越，乃居焉，曰未庄。至光绪，阿Q家世式微，田产荡尽，至其身，寄居土谷祠，佣工，或舂谷，或泛舟，卑贱人也。

其名或曰阙，然亦茫然，学士周树人欲为立传，不得其名，以英文仿佛拟之，曰阿Q。

阿Q恍惚忆家世，知为世家子，故言多讳，其首有癞，秃，故忌言光、亮、灯、烛，然同侪轻之，见阿Q来，则戏曰：『明矣。』

阿Q欲棰殴，然力不胜，怒目而已。

某岁，未庄士绅赵公长子举秀才，阿Q闻，曰：『尔知乎？吾赵家人也。』众人皆惊，问：『然乎？』阿Q曰：『然，吾于赵公子，叔也。』众人大惊，皆敬阿Q。

赵公闻，大怒，召阿Q至，斥曰：『竖子，尔言尔姓赵乎？』

阿Q觳觫，曰：『然。』

赵公批其颊，曰：『咄，尔何敢姓赵？尔何足为赵家人？』

乃逐之去。

阿Q自悲不能复家世，以公子后，受世人辱，又力不能，乃自轻自贱。每逢富贵，则嗤笑曰：『吾祖富胜尔等。』每为人殴辱，则窃曰：『吾为逆子所犯。』人皆知之，每殴阿Q则曰：『竖子志之，吾殴汝，乃父殴子，知乎？』阿Q曰：『吾为虫豸，可乎？』

又忿卑贱辈与己同处，逢王胡扪虱，食之，阿Q亦扪虱，亦食之，其声胜王胡，王胡大怒，殴阿Q。

阿Q辱于王胡，不能平，逢钱公子，人呼之：伪蛮夷。阿Q乃戏呼其号，伪蛮夷怒，以杖击，阿Q狼狈走。

困窘际，逢小尼，阿Q亵之，抚其首。尼泣，阿Q曰：『淫僧可戏汝，吾不可乎？』众人皆笑，尼泣而去，詈曰：『阿Q，无子孙。』

阿Q闻之而悲，其指抚小尼首，滑腻，妙不胜言，乃思男女事。某夕，为赵公舂谷，见寡妇吴妈，顿首曰：『吾欲与汝眠。』吴妈大恚，欲自经，赵家人棰楚阿Q，驱之出，讹其财尽。

自是，以其无行，未庄皆不雇阿Q，易雇阿D，阿Q欲殴阿D，亦无如何。

久之，阿Q饥寒，窃尼庵菜，为恶犬所逐，乃投城中。佯曰雇于举人家，实乃与群盗合，为其斥候，窃得衣裳，交易乡里，民妇得廉绸，甚悦，赵府亦与之索货。

宣统三年，天下鼎革，革命军入越。城中举人惧祸，与赵公结，避匿未庄。阿Q见，乃思革命，窃曰：乡绅惧革命如斯，吾若革命，岂不富贵？宁波床入我土谷祠，女子随吾所愿，惜哉，赵司晨女陋极，唯吴妈方可，然其足巨。

乃扬声于外，曰：革命矣，革命矣。

庄户闻之而惊，赵公见阿Q，乃作揖曰：Q公富贵乎？莫忘愚弟。

阿Q扬长去。

无何，赵府及举人为人劫，金银皆尽。

把总稽盗不得，乃拘阿Q，阿Q见大人，乃跪，把总鄙曰：『陋哉，国人之奴性。』乃诱阿Q承盗赵家事，阿Q愚，服罪，以笔画寰，惴惴，唯恐不能。

乃诛阿Q于市，人皆观之。阿Q欲歌咏，而忘其辞。于人中见吴妈，冀吴妈视己，然吴妈无睹，阿Q悲。

阿Q死，人皆曰：惜哉，死犯无所讴，且枪毙莫若杀头之可观也。

科比传

吾六岁有志于篮球，奉之以身、以心、以终生，无悔。

科比·比恩·布莱恩特，费城人也，戊午年生。其父篮星人，复为火花队教头，子女三，科比其居叔，独子也。

幼迁罗马，童稚即娴于球，辛未年，返美利坚。

科比身长九尺（汉制），展臂逾两米，负笈费城，率师斩获州郡之冠，教头唐纳曰：『此子球坛之南面王也。』以球艺，不由大学，径入NBA。

黄蜂择科比，科比不乐，曰：『吾欲为湖人。』湖人乃与黄蜂易科比。科比役于湖人，以科比未长成，父母代为书契。

初，科比或有脱颖，丁丑年，群英相竞，科比扣篮居冠，有识者曰：『科比他日或为乔丹、魔术师之匹亚。』然湖人不过寻常，数不利，科比不得志。

禅师掌湖人，湖人始扬眉，三冠。科比亦以勇剽称，多突阵有斩，得分多。

科比轻于为人，凌折同侪，傲犯主帅，不协于奥尼尔，多犯禅师，谓同侪『死神』曰：『尔不过庸碌，湖人所以雇尔者，以无钱也。』『死神』闻之亦怒，曰：『科比何人，吾未尝闻之。』禅师怒科比无礼，著书忆昔，曰：『科比竖子，不可教也。』然科比傲则傲矣，其为良将，多能驰骋，以意突阵，视群敌若无物，单刀斩获，千人皆废。科比役二十赛季，征战不可计也，今择其要而言之。

乙酉年，禅师再镇湖人，科比亦折节事禅师为帅，与奥尼尔释前嫌，亲若兄弟，把臂言欢。人事协矣，科比故能奋威。

是年，战小牛，科比猛若乳虎，轻身犯阵，凌波微步，长投短掷，皆能如意。其凌空欲掷，众长人墙立阻遏，科比居然滞立虚空，以背临敌，忽回旋如鹰隼，众错愕间，球则入矣。科比战三节，获六十二分，小牛队获不过六十一分。自有二十四妙计时器，科比第一人也。

翌年，战猛龙，科比挟风雷，若神助，凡得球，皆不顾远近，率意投掷，罔不如意。其时，科比不可挡也，虽鬼神亦避，乃诛多伦多猛龙，独获八十一分，自张伯伦以来未尝有也，天下震动，谓为神人。

科比是岁四战，每役皆获分逾四十五，与张伯伦、贝勒列而为三，江湖谓为『得分王』。

己丑年，十二月四日，对阵热火，战酣急，湖人逊，哨鸣矣，众皆谓湖人败。科比忽单足凌空，若神将临，投而中，哨犹未已，湖人胜。众喜而泣下，科比亦扪额曰：『幸哉此球。』

庚寅年，湖人战凯尔特人，科比无好手，四投三失，事急矣，然科比能定，死战，胜鲸敌，夺冠，科比曰：『吾于此战，终生志之。』

癸巳年，NBA封侯，科比封一等侯，其十一次矣，匹亚马龙，联盟第一。

科比每战，必酣畅挥斥，必荡气回肠，必险峰陡起，必柳暗花明，若汉尼拔之逾雪山，若怀素之为草书，行其所行，止其所止，若飓风之不可遏，若深渊之不可测，盖天纵之才也。湖人屡夺冠，科比功巨焉。

或戏曰：『天下谁人可阻科比？』

或答曰：『削其足可也。』

或答曰：『岁月。』

科比勇，尝再折指，左右曰：『君伤矣，退兵乎？』科比摇首，不废战。战毕，众人曰：『医指乎？』科比曰：『吾不以指废球。』终不医其指。

其战甲初为三三，科比不乐。及〇六、〇七赛季，易二十四号战甲，大喜，曰：『吾思此衣久矣！』

众问何意，科比曰：『二十四者，昼夜也，吾为湖人，愿昼夜战不得息，今偿吾愿。』

天下多慕科比，谓之科神、飞侠，然亦有相轻者，戏曰：科渣。或曰：科比，身残志坚也。谓其资质不过尔尔。然历年月，科黑亦多为科蜜，为其技所服也。

乙未年，湖人衰矣。

与步行者战，先声而衰，及中，落分十五，科比临阵，有往昔之勇，远投获三分，再逼敌，然天命不与，湖人折戟。

科比黯然，宣天下曰：『吾退矣。吾六岁有志于篮球，奉之以身、以心、以终生，无悔。』

前同侪『死神』亦释旧恨，曰：『科比，吾所未见之球坛神才也。』

杨洁传

杨师者，影剧界之玄奘也，以取经之心成西游剧，用心用才，竭而后止。

杨洁，蜀人，己巳岁生湖北麻城，好读书，善属文。父伯恺，居成都，为王师前导，自知不长，乃送洁于延安，洁于是随王师，赴平津，时十六岁。

伯恺欲内应王师，为国府所察，乃囚于成都将军府，某夕杀之于十二桥。洁在冀北，乃免于难。洁既长成，又至鲁，王师复青岛，洁乃荷王师命，登坛告天下：青岛克复。

其前半生事略，皆寻常，不足记。

当时九州，无戏可观，偶有剧曲，嚼蜡乏味，不脱舞台话剧本色，使人沉困。或所知者，不过阿童木、加里森死士。东瀛人慕玄奘，亦有剧，然自中华人观之，荒诞乖乱，污目而已，呼曰：彼东瀛尚知有玄奘，岂玄奘故国不如彼耶？

乃发愤，欲以玄奘事为剧。

杨洁受命，然囊中缺资，手中无凭，摄像一台，行李数担而已。或有好事者笑之曰：十万八千里之筋斗云，何以为之？

然既自许，则无反顾。杨师时已五十二，以半百之龄，为少壮之事，其中劳苦，不啻天竺取经。与六小龄童、迟生、马生诸人，及白龙，或走千里流沙，或蹈雪域高山，或行沧海惊浪，或赴暹罗雨林，凡人间难行之路，凡天下难履之途，皆往矣。犯风霜，冒烈日，所食不过糟糠，盘中无非数钱，于果腹往往不足。

西游者，满篇神佛，翱天跨海，纸上谈来容易，形诸屏幕则难。时诸般粗陋，手无利器，则大圣何以飞天，哪吒何以越云？不过以钢丝系身，悬以行空而已，往往而坠，多有伤损，悟空、杨戬、天蓬皆不免，某夕沙僧行空不稳，坠摄影者之额，居然闷绝。

白龙亦常坠溪壑，几不能免。

且囊资羞涩，多难为继。有司予资三百万，虽锱铢必省，一人兼多角，朝为玄奘，暮为白猴；昨为沙僧，今为老君，悟空月酬，不过七十元。然无何资罄，无米为炊，杨师不得已，效僧人，托钵化缘，广觅施主，久而得某司助资，方得为继。

然亦不得圆满，大鹏飞雕白象诸戏，以短于金，含泪削焉，十载后方续。

杨师为主，君命有所不受。西游之曲，多以西洋丝竹为之，有司震怒，曰：吾国传奇，岂得奏他邦之乐。杨师曰：此乐甚宜，不可去。有司不得指麾，乃得有『路在何方』妙曲传天下。

杨师亦持笔，凡西游言语，不合今人之趣，乃易之，如红孩儿见悟空，笑曰：『孙行者』，杨师则易为『猴子』，改一语，则平添一段生趣。

历六载，方得成，遍千山，涉万水，路途之艰，人心之韧，虽玄奘复生，亦当合掌赞叹。

西游剧既见，天下众生癫狂，朝夕不舍，四时不绝，自翁妪至于垂髫，无不欢喜痴迷，当时天下唯有一剧，此剧曰：『西游。』

历三十载，天下岁岁犹观西游，不见衰时。

丁酉岁春，大雷音寺召杨师，为南无摩诃真心菩萨，寿八十八。

太史刘曰：

杨师以真才真心，持玄奘之志与力，成大业于困艰之时，西游剧若不盛于天下，天岂容哉？杨师者，影剧界之玄奘也，以取经之心成西游剧，用心用才，竭而后止。今人浮躁，用钱而不用心，炫才而实无才，徒以小鲜肉矜夸，则欲流传，岂能得乎？

古文版《我的叔叔于勒》

吾家贫，居勒阿弗尔，上有两姊，吾父役于生计，日暮方归，得酬甚薄。家慈常不平，每有詈讽，家严以手扪额，默默而已。阖家皆吝，从无宴饮往还，所食乃贱，锱铢必较。素日所食，厚汁肉烩，吾厌之久矣。

或逢吾衫偶裂，则咆哮立至。

每逢暇日，则严装郊游，信步海滨，其状不堪。家父虽正冠，然衣短裸臂，袖有油渍。两姊联袂于前，以其摽梅之年，欲求吉士，使城中男子见也。

斯时，阖家如逢大典。

或望海上有巨舟，家父则曰：『于勒若乘舟在此，则何其幸也。』

于勒者，吾叔父也，少年尝为浪子，无所业，游荡而已，食产几尽，将蚀兄业，家人大惧，驱之往美洲。至于彼乐，于勒货殖，颇有得，乃寄书曰：『吾他乡致富，甚愧前行，将有所偿。』吾父母得书甚喜，曰：『吾弟于勒，贤人也。』

有舟客言于我家曰：『于勒所营甚丰。』又历两载，于勒再寄书，曰：『大兄莫念，吾无恙，生意亦大佳。吾将游南美，或数载无消息，不必挂怀。一旦富贵，则返乡里，与兄共享。』

于勒之书，有若《福音》，阅之不已，亦遍示邻里。

奄忽十载，叔父无音讯，然吾家寄托不衰，家母常曰：『眼下虽贫，然一旦于勒归来，则拔吾家于泥而上云霄，贤哉于勒。』

家父每于海上见吐烟巨舟，则思于勒，若大旱之望云霓。

吾大姊年二十八，二姊年二十六，恨嫁，父母忧之。

有小吏托媒妁问吾二姊，彼时小吏尚彷徨，吾家示之以于勒之书，乃定情。吾家大喜，既婚，则相许游哲尔赛岛。

哲尔赛岛者，贫者乐游之郊也。

既登舟，逢两男子请两女子食牡蛎，有老水手蔽袍衰容，以刀凿牡蛎，凿毕，传之男子，男子传之女子。女子以巾托之，延颈饮牡蛎汁，饮毕，弃牡蛎于海。

家父见之，大羡，问家母及吾姊曰：『尔等欲食牡蛎乎？』家母犹豫，姊姊欣然，家母乃曰：『吾不食，或伤胃。』又谓吾曰：『约瑟夫，稚子也，不可骄纵，食此奢物』。

吾不得食牡蛎，甚怏怏，家父携吾姊及婿，趋老水手所在。家父谓吾姊曰：『尔等识食牡蛎乎？』乃示以法，然汁淋其裳，家母恨曰：『动不如静。』

俄而，家父甚惶惶，窃谓家母曰：『异哉，此翁甚似于勒。』

家母曰：『何家于勒？』

家父曰：『吾弟于勒也，若非吾知彼游拉美，则此翁真吾弟也。』

家母甚恐，期期曰：『夫君痴哉，既非彼，则何出此言？』

家父坚曰：『汝可往辨之。』

家母乃往窥之，水手低眉，自视其所为，不知他人窥己。

无何，家母返，身觳觫，曰：『呜呼，彼真于勒也，可问船长，慎哉，不可徒受牵连。』

家父乃见船长，船长者，长髯人也，踱步舟上，有乘风破浪之势。家父与之语，初皆琐碎事，良久，方及于勒，船长曰：『呜呼，此法国浪子也，去岁吾游美洲，怜其遇，乃容之，携返故国，然其欠乡里债，羞见父老。其名于勒。其尝富贵，然落魄今日可见。』

家父仓皇，言不及谢，乃返而谓吾母曰：『此真于勒也。』又曰：『奈何奈何。』

家母怒曰：『竖子无成，他日将累及吾等。』乃使吾持金付酬，不使于勒见吾父母，忧其相认也。

吾持五法郎见于勒，怜其老衰，窃曰：『此吾叔父也，呜呼，吾叔父也。』然不敢认，以路人语问其价，乃两法郎半，吾付之法郎五，彼还其半，我又予之半法郎，曰：『此小费也。』于勒感吾之德，曰：『天佑公子。』

吾闻之恻然，然姊姊讶异，家母大怒，欲斥吾，家父目之，家母乃止，或恐其婿知之。

举家皆默。

舟将泊岸，吾欲再见叔父，遍觅舟中，然杳然不见，或已居底舱矣。

呜呼，吾自是未尝见吾叔父于勒。

古文版《警察与赞美诗》

苏比，纽约游民也，无片瓦遮贫身，以街衢为卧榻。

某岁，寒风起，天上悲雁高鸣，人间娇妻索衣，冬辰以一叶为书，托北风为使，摇落膝前，似曰：凛冬将至，苏公可自谋也。

苏比以纸为衾，虽裹数重，不耐岁寒，乃做态曰：岁云暮矣，高风凉矣，寡人将召群臣议事，何以卒冬？

辗转露野，数宵不眠。

苏公度岁，岂敢言奢，地中海之遥遥，非尔所思；维苏威之熏熏，非尔所及。不过欲觅一屿，饮食无虞，以济百日之困。

此屿名曰布岛，岛上有一狱，可以卒岁。

苏比虽贫，然不受嗟来之食。郡府周济，辱人而已，王道虽好，不若王法荡荡，从不问人曲折，陷君子于羞恨。呜呼，安得投此乐土，度我岁末。

欲得王法恩赐，先得干触王法，苏比窃曰：此事易与，当择一肆，痛饮食而拒偿付，则乐土不远。乃往街衢一肆，近百老汇路。时日暮华灯，葡萄美酒，绸缎锦衣，佳人妙体。苏比少整衣冠，自腹以上，差强人意，欲登堂为白食君子，然又不至于饕餮，则乐土可期也。

惜哉履不华，穷酸毕见，侍者见之，以手推之沟壑，奇功遂不成。幸甚幸甚，案上凫肴，得免奇辱。

乃至六马路斜角，有玻璃橱，明焕瞩目，苏比投石，碎彼玻璃。衙卒立至，厉声谁何，苏比不去，笑视公人，曰：『公何不问我？』

衙卒甚轻苏比，以为此子不足道矣，遥见有人追电车不及，以为逸奔，乃持梃追之。

苏比恨恨，忽逢饭肆，价廉物恶，杯盘粗劣，乃昂然入，饮食自若，毕，乃谓侍者曰：吾平生不识阿堵，阿堵平生亦不识吾，君可速请官府，莫使吾迟迟空候。

侍者哂笑曰：『竖子易与，何须惊扰官驾』，其声腻腻，闻之若食酪。乃推纳沟壑，苏比身如折尺，怏怏而起。叹曰：『区区布岛一狱，远若九霄乎？』

乃过五衢，见一女子，荆钗布衣，其容可人，方观橱窗，近有衙卒。

苏比斜置其冠，以言挑撩，戏曰：『某氏佳人，汝约吾家后园，可乎？』苏比为轻薄状，目视衙卒，窃曰：但得良女纤指一勾，吾今岁尚可入温饱之乡。

彼女侧身，引苏比之袖，笑曰：『公子当为妾备薄酒一杯，若无旁人，妾则投怀久矣。』身倚苏比，若藤援木。

苏比大馁，逸去。逢一戏台，薄情公子毕集，轻浮名媛咸至，苏比逡巡丧魂，泣曰：天不遂我愿乎？

见公子淑媛在前，乃跳踉诟詈，欲以呼嚣扰众陷罪也。衙卒见之，谓公子淑媛曰：『耶鲁大学堂蹴鞠得胜，不免张狂，郡府有命，任之而已。』

苏比夺气，自谓曰：乐土远若蓬莱乎？凉风其来，乃自搂衣驱寒。

至一雪茄店，有衣冠君子吞吐烟霞，侧有绸伞。苏比持伞而去，此君追及，斥曰：『此乃我物。』苏比哂曰：『既为君物，则衙吏在咫尺，何不告呼？』其人忽惴惴，曰：『误持君物，非我本意，今谢罪。』乃惶惶遁去。

衙吏见之，不为所动，有淑媛过道，乃急而相辅，恐百尺之外电车及之。

苏比弃伞于渠，自忖曰：呜呼，吾今夜为无罪天子乎？

循麦迪生坊行，至一幽僻之境，逢一兰若之所，明月在天，人车稀落，寒雀啾啾，有人奏鸣。其曲乃天父垂恩，暗移浪子之志。

苏比闻乐，若高僧入定，曰：吾在总角，亦有慈母，亦怀壮志，衣冠洁楚，当时锦绣如花，天乐绕耳，如在仙都，不意今夕又闻。

乃感寤，发奋曰：呜呼，吾之自弃久矣，昏昏朝暮，碌碌无为，今夕当知耻，洗心革面，再续壮志。昨日种种譬如昨日死，今日种种譬如今日生，明日当寻生计，以待他年建功立业。

正踌躇盘桓，感奋自砺，有硕肥捕快问曰：『尔在此何为？』

苏比曰：『无所为。』

捕快曰：『且随我。』

明日，论苏比罪，徒三月，遣布岛。

二〇一七年高考赋

高考也者，国之重器，慎之，惜之，天下望之。

孟夏草木长，莘莘学子扶疏；微雨东南来，熙熙好风与俱。

岁在丁酉，夏木阴阴，天下英雄，今朝会武。

功名须趁早，励志见乎标语；行道当清夷，交警导乎先路。

此间或有郎君，香车岂忍高调；其中或有娇妻，经过理应低语。

欲得夏花灿烂，先学秋叶静美；欲得岁月安好，先学前行重负。

过去心不可恋，现在心不可得，忐忑心不可有，未来心不可无。

眼前一卷，便是山河一片；手中一笔，即为擎天一柱。

字字珠玑，莫过审题读题与主题；行行文采，无非顺叙倒叙和插叙。

忽如一夜春风来，角值弦切化简驭繁；接天莲叶无穷碧，代数几何合璧联珠。

妾身未分明，特指当用定冠；女行无偏斜，守恒须有所主。

蒹葭苍苍，钠燃产白霜；感君区区，磷燃多烟雾。

四海无闲田，松嫩多沃土；万径人踪灭，南极无民居。
列国自有疆，英美君主共和；浮云古今变，隋唐三省六部。
解题将了心未了，还归细柳营；答卷已毕意未毕，回看射雕处。
临行密密，准考证切莫遗漏；意恐迟迟，条形码岂能疏忽。
唐伯虎泄题，一生无缘功名；蒲松龄犯规，头白不得中举。
上场已过，当下挽弓当挽强；铃声将近，此时擒贼先擒主。

太史刘曰：

噫嘘嚱，高考也者，虽非功名之独径，然亦人生之必须，未经高考者，不足以言人生。众生平等，先自高考始；心无挂碍，当在高考中。

四十年来，嗷嗷子弟，无尺寸之凭，无颜值之炫，朝夕孜孜，四时汲汲，无非图龙门之跃，乡里之荣，一身之达。此法长存，感恩长存，故范仲淹、袁崇焕、史可法、林则徐、曾文正、左宗棠舍身报国，何哉？以科举能结恩于天下子弟也。

高考也者，国之重器，慎之，惜之，天下望之。

图书在版编目（CIP）数据

新史记 ：秉笔画时代 / 刘备我祖著. -- 石家庄 ：河北教育出版社，2017.6

ISBN 978-7-5545-3840-1

Ⅰ. ①新… Ⅱ. ①刘… Ⅲ. ①中国历史－现代史－纪传体 Ⅳ. ①K270.42

中国版本图书馆CIP数据核字(2017)第092626号

书　　名　新史记
　　　　　——秉笔画时代
作　　者　刘备我祖
策　　划　杜金卿
统　　筹　王斌贤
责任编辑　郝建国　王艳荣
装帧设计　于　越
出版发行　河北出版传媒集团
　　　　　河北教育出版社　http://www.hbep.com
　　　　　(石家庄市联盟路705号，050061)
印　　制　山东临沂新华印刷物流集团有限责任公司
开　　本　880mm×1250mm　1/32
印　　张　8
字　　数　160千字
版　　次　2017年6月第1版
印　　次　2017年6月第1次印刷
书　　号　ISBN 978-7-5545-3840-1
定　　价　38.00元
